westermann

praxis

Informatik 7/M7
Bayern

Autor/-in
Antje Czerney
Klaus Greubel
Peter Neubauer

Beratung
Toni Binder

Impressum

Vorbereiten. Organisieren. Durchführen.
BiBox ist das umfassende Digitalpaket zu diesem Lehrwerk mit zahlreichen Materialien und dem digitalen Schulbuch. Für Lehrkräfte und für Schülerinnen und Schüler sind verschiedene Lizenzen verfügbar. Nähere Informationen unter www.bibox.schule

westermann GRUPPE

© 2022 Westermann Bildungsmedien Verlag GmbH, Georg-Westermann-Allee 66, 38104 Braunschweig
www.westermann.de

Das Werk und seine Teile sind urheberrechtlich geschützt. Jede Nutzung in anderen als den gesetzlich zugelassenen Fällen bedarf der vorherigen schriftlichen Einwilligung des Verlages. Nähere Informationen zur vertraglich gestatteten Anzahl von Kopien finden Sie auf www.schulbuchkopie.de.

Die enthaltenen Links verweisen auf digitale Inhalte, die der Verlag bei verlagsseitigen Angeboten in eigener Verantwortung zur Verfügung stellt. Links auf Angebote Dritter wurden nach den gleichen Qualitätskriterien wie die verlagsseitigen Angebote ausgewählt und bei Erstellung des Lernmittels sorgfältig geprüft. Für spätere Änderungen der verknüpften Inhalte kann keine Verantwortung übernommen werden.

Druck A[1] / Jahr 2022
Alle Drucke der Serie A sind inhaltlich unverändert.

Redaktion: Dr. Siegfried Brewka, Regensburg; Dr. Erwin Petzi
Umschlaggestaltung: boje5 Grafik & Werbung, Braunschweig
Layout: Druckreif! Sandra Grünberg, Braunschweig
Druck und Bindung: Westermann Druck GmbH, Georg-Westermann-Allee 66, 38104 Braunschweig

ISBN 978-3-14-116882-2

Inhalt

Inhaltsverzeichnis 3
So arbeitest du mit *Praxis Informatik 7/M 7* 5

1. Ein Bild sagt mehr als tausend Worte 6
1. **Situation: Mit Bildern umgehen** 7
   - 1.1 Bilder einsetzen 7
   - 1.2 Digitale Bilder erstellen 7
   - 1.3 Digitale Bilder übertragen 8
   - 1.4 Bildeigenschaften 9
   - 1.5 Grundlegende Möglichkeiten der Bildbearbeitung 11
   - 1.6 Persönlichkeitsrechte 14
2. **Situation: Rastergrafiken mit dem Programm GIMP bearbeiten** 15
   - 2.1 Rastergrafiken 15
   - 2.2 Das Programm GIMP 16
   - 2.3 Bildbearbeitung – Fotomontage 20
   - 2.4 Ein in GIMP bearbeitetes Bild exportieren 25
3. **Situation: Vektorgrafiken erstellen und bearbeiten** 26
   - 3.1 Eigenschaften von Vektorgrafiken 26
   - 3.2 Eine Vektorgrafik erstellen 28
   - 3.3 Bildlayout 30

Lernbilanz 32

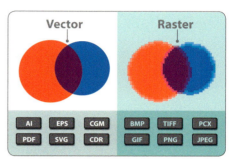

2. Programmierung in Scratch 33
1. **Situation: Wiederholung aus Informatik 5 / 6** 34
   - 1.1 Wichtige Fachbegriffe der Programmierung 34
   - 1.2 Wichtige Scratch-Programmierbausteine im Überblick 35
   - 1.3 Ablaufpläne schreiben 36
   - 1.4 Übungsaufgabe zur Auffrischung deines bisherigen Wissens 37
2. **Situation: Objektorientierung in der Programmierung** 38
   - 2.1 Klasse, Objekt, Attribut und Attributwert 38
   - 2.2 Methoden 39
   - 2.3 Objekt- und Klassenkarten 39
   - 2.4 Objektorientierung in Scratch 41
   - 2.5 Übungsaufgaben zur Objektorientierung in Scratch 43
3. **Situation: Variablen in Programmen nutzen** 44
   - 3.1 Was ist eine Variable? 44
   - 3.2 Variablen in Scratch 46
   - 3.3 Eigene Variablen 49
   - 3.4 Anwendungsbeispiele 49
4. **Situation: Grafiken in Scratch** 53
   - 4.1 Figuren (Kostüme) bearbeiten 53
   - 4.2 Mehrere Kostüme verwenden 56
   - 4.3 Eigene Bilddateien einbinden 57
   - 4.4 Für Experten: Mein persönlicher Avatar 57
   - 4.5 Für Experten: Eigene Bühnenbilder in Scratch einbinden 60

Inhalt

5.	**Situation: Programme selbst planen und schreiben**	**61**
5.1	Planungsvorlage	61
5.2	Eine Planungsvorlage modellieren	62
5.3	Programmideen umsetzen	66
6.	**Situation: Fehlersuche in Programmen**	**69**
6.1	Fehler vermeiden	69
6.2	Häufige Fehler	70
6.3	Finde den Fehler!	71

Lernbilanz   **72**

3. Moderne Kommunikationsmöglichkeiten beeinflussen unser Leben   74

1.	**Situation: Varianten der modernen Kommunikation**	**75**
1.1	Soziale Netzwerke (Social Networks)	75
1.2	E-Mail	76
1.3	Foren	77
1.4	Blogs	78
1.5	Instant-Messenger-Systeme	79
1.6	Wikis	79
2.	**Situation: Chancen und Risiken moderner Kommunikation**	**80**
2.1	Chancen	80
2.2	Risiken und Probleme	80
2.3	Cyberkriminalität auf Kommunikationsplattformen	82
3.	**Situation: Beeinflussung unseres Lebens durch Digitalisierung**	**83**
3.1	Beeinflussung unseres Privat- und Berufslebens	83
3.2	Beeinflussung unseres Alltags	83
3.3	Beeinflussung unserer Identität	84

Lernbilanz   **86**

Sachwortverzeichnis   87
Bildquellenverzeichnis   88

So arbeitest du mit Praxis Informatik 7/M 7

Computer und Internet sind aus dem Alltag nicht mehr wegzudenken. Das Fach Informatik hilft dir, dich in der digitalen Welt zurechtzufinden. Du lernst, **Informatiksysteme sachgerecht und verantwortungsvoll** zu nutzen und auch mit den Gefahren der digitalen Welt besser umzugehen.
Darüber hinaus betrittst du die Welt der **Algorithmen,** der Grundlagen der Programmierung. Selbstständig oder im Team programmierst du einfache Computersysteme.
Die Grundlage des Lernens bildet ein **kompetenzorientierter Unterricht.** Neben dem Erwerb von Wissen erprobst du verschiedene Wege zur Lösung von typischen Fragestellungen der Informatik.

Aufbau der Kapitel

Jedes Kapitel beginnt mit einer **Auftaktseite, auf der du einen Überblick über das jeweilige Kapitel erhältst.** Die Kapitel sind nach Situationen gegliedert. Kurze Beschreibungen der Situationen verraten dir, worum es geht.

Schritt für Schritt, von Situation zu Situation, werden die Anforderungen und Aufgabenstellungen vielschichtiger (komplexer), was dir einen **stetigen Kompetenzerwerb** ermöglicht.

Bestandteile der Situationen

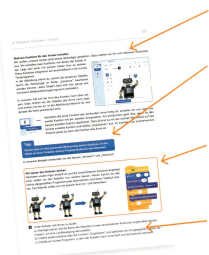

Mit den **Erklärtexten** und den zugehörigen **Bildern** erarbeitest du den Stoff.

Info- und Tipp-Kästen liefern dir wertvolle Informationen und hilfreiche Hinweise.

Das **Tablet-Symbol** bzw. der **orangefarbene Rahmen** zeigen dir an, wann du am PC aktiv werden kannst.

Arbeitsaufträge stehen meist am Ende einer Seite.
Expertenaufgaben ⊠ bieten dir zusätzliche Übungsmöglichkeiten.

💻 Webcode
Webcodes bieten dir insbesondere beim Programmieren Hilfestellungen an und verraten dir Tricks und Kniffe, mit denen du zum „Programmierprofi" werden kannst. Gib den jeweiligen Webcode unter dieser Adresse ein: *www.westermann.de/webcode*

Lernbilanz
Mithilfe der **Lernbilanzseiten** am Ende der Kapitel kannst du deinen Kompetenzerwerb noch einmal überprüfen.

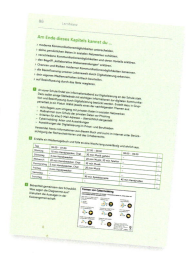

pra**X**is — In diesem Kapitel ...

- › lernt ihr Bilder in Bildformaten digital zu speichern.
- › unterscheidet ihr Rastergrafiken von Vektorgrafiken.
- › erzeugt und verändert ihr Rastergrafiken mit Bildbearbeitungs-programmen.
- › beschreibt ihr den Aufbau und die Eigenschaften von Vektorgrafiken.
- › lernt ihr die Bedeutung von Attributen und Attributwerten kennen.
- › analysiert ihr die rechtlichen Aspekte beim Einsatz von Grafiken.

1 Ein Bild sagt mehr als tausend Worte

1. Situation: Mit Bildern umgehen
- Bilder erstellen, bearbeiten, speichern und rechtliche Bestimmungen im Umgang mit Bildern.

2. Situation: Rastergrafiken
- Bildbearbeitung von Rastergrafiken mit dem Programm GIMP.

3. Situation: Vektorgrafiken
- Eigenschaften von Vektorgrafiken, deren Einsatz- und Bearbeitungsmöglichkeiten.

Ein Bild sagt mehr als tausend Worte

Du hast in Informatik bereits vieles über die Grundlagen eines Computerarbeitsplatzes erfahren. Du hast dich mit verschiedenen Formen von Netzwerken auseinandergesetzt und kannst einen Internetzugang herstellen. Du weißt, wie man zielgerichtet und das Recht beachtend im Internet surft. Auch Grundlagen der Programmierung mit Scratch sind dir vertraut.

Im Fach Informatik wirst du weitere Programme und vielfältige Lerninhalte kennenlernen, die du später im Beruf oder im Privatleben anwenden kannst. Dazu gehört auch der große Bereich der Bildbearbeitung.

1. Situation: Mit Bildern umgehen

1.1 Bilder einsetzen

Bilder sind Darstellungen von realen oder fiktiven Gegenständen oder Situationen. Ein Bild kann eine Fotografie sein, ein Gemälde oder eine Zeichnung. Überall in deinem alltäglichen Umfeld begegnen dir Bilder. Sie haben auf dich als Betrachter unterschiedliche Wirkungen. Diese Wirkung wird vor allem in der Kunst oder in der Werbung eingesetzt. Nicht nur im geschäftlichen Bereich werden Bilder verwendet. Du hast bestimmt schon im privaten Bereich das eine oder andere Mal Bilder mit der Absicht genutzt, eine bestimmte Reaktion zu erzielen.

1 Diskutiert in der Klasse über Bereiche, in denen die Werbung Bilder einsetzt.

2 Erörtert, welche Wirkung diese Bilder beim Betrachter erzeugen sollen.

3 Beschreibe, wann und wo du schon Bilder gezielt verwendet hast.

1.2 Digitale Bilder erstellen

Digitale Bilder kannst du mit einem Tablet, einem Smartphone oder einer digitalen Kamera erstellen. Diese Geräte ermöglichen es auch, „bewegte Bilder", also Videos, zu drehen.

Du wirst wohl meistens dein Smartphone verwenden, mit dem du deine Umgebung und dich selbst fotografierst. Einfacher kannst du Selfies mit einem Selfiestick erstellen. Wenn du die folgenden Tipps beherzigst, werden deine Selfies und auch deine anderen Fotos ein echter Blickfang.

Tipps für gute Selfies

- **Achte auf das richtige Licht: Stelle dich nicht in den Schatten. Fotografiere nicht gegen die Sonne. Bei einem Selfie sollte also die Sonne nicht hinter dir sein.**
- **Suche den richtigen Ort aus: Es sollten keine Personen im Hintergrund sein. Wähle einen einfachen Hintergrund, der nicht von dir ablenkt. Spiegel im Hintergrund können Details preisgeben, die du nicht veröffentlichen möchtest. Im privaten Bereich solltest du einen neutralen Hintergrund wählen. Sonst veröffentlichst du unter Umständen persönliche Daten.**
- **Nutze die Frontkamera.**
- **Halte die Hand knapp über Augenhöhe und neige das Smartphone um ca. 45°.**
- **Auf die richtige Pose kommt es an: Du solltest verschiedene Posen ausprobieren, um die richtige Haltung zu finden. Neige den Kopf leicht zur Seite, schaue in die Kamera – nicht in den Bildschirm – und lächle. Achtung: keine intimen Fotos, denn das Internet speichert alles!**
- **Bearbeite das Bild nötigenfalls ein wenig nach, bevor du es veröffentlichst.**

Tipps für gute Fotos

- Verwende Querformat statt Hochformat. Querformat wird auf den meisten Fernsehern und Computern besser dargestellt.
- Füge Filter erst nach dem Fotografieren hinzu. Live-Filter, die du vorher einstellst, lassen sich danach oft nicht mehr entfernen.
- Verwende für zu dunkle und zu helle Motive die HDR-Funktion (High Dynamic Range). Das ist eine Bildeinstellung, die dunkle und helle Bildteile automatisch verbessert.
- Verzichte auf den Blitz.
- Halte das Smartphone/die Kamera ruhig oder verwende ein Stativ.
- Achte auf die Belichtung des Hauptmotivs. Die Belichtung stellt sich automatisch ein, wenn du den Fokus deiner Kamera auf das Hauptmotiv richtest. Der Fokus wird durch ein Kästchen im Display angezeigt. Durch Berührung des Displays aktivierst du das Kästchen. So kannst du den Fokus verändern.
- Verwende die Originalgröße, die auf deinem Smartphone-Display erscheint. Durch Verkleinern des Fotos sparst du nämlich keinen Speicherplatz. Wenn du in Originalgröße fotografierst, kannst du später bei der Bildbearbeitung Details in besserer Qualität vergrößern.

Gehe in deiner Schule auf Fotosafari.

1 Fotografiere zwei deiner Lieblingsplätze in der Schule: jeweils einmal ohne Personen und einmal als Selfie. Verwende dein Smartphone oder das Schultablet. Beachte die oben aufgelisteten Tipps zum Fotografieren.

2 Macht nun in der Klasse einen Gallery Walk. Gebt jeder/m eurer Mitschüler/innen ein Feedback anhand einer Checkliste. Führt diesen Gallery Walk zweimal durch. Beim ersten Mal gibt es ein Feedback zu den Selfies, beim zweiten Durchgang zu den Fotos ohne Personen.

1.3 Digitale Bilder übertragen

Du hast verschiedene Möglichkeiten der Dateiübertragung vom Smartphone auf den PC oder Laptop:

- **Übertragung per USB:** Dazu verbindest du dein Smartphone über ein USB-Kabel mit dem Laptop. Anschließend wählst du die Foto-App auf deinem Laptop aus. Nachdem sich das Programm geöffnet hat, wählst du „Fotos von einem USB-Gerät übertragen" aus. Wenn du die Foto-App auf deinem Smartphone geöffnet hast, werden die Bilder zunächst auf deinem Laptop angezeigt. Nun kannst du die Bilder anwählen, die du übertragen möchtest. Bestätige deine Auswahl und die Bilder werden übertragen.
- **Übermittlung per WLAN-Verbindung:** Das Empfangsgerät und das Sendegerät müssen dazu im gleichen WLAN angemeldet sein. Eine spezielle Software stellt nun einen QR-Code bereit, der die Verknüpfung beider Geräte ermöglicht. Nach erfolgreicher Erkennung können nun Bilder über WLAN ausgetauscht werden.
- **Versenden per E-Mail:** Diese Variante eignet sich für den Fall, dass du nur wenige Bilder übertragen möchtest. Du musst dafür eine E-Mail-Adresse besitzen. Klicke auf das Foto in deiner Foto-App auf dem Smartphone. Wähle anschließend das Symbol für „Teilen". Dies kann so ⟨ oder so ⬆ aussehen, je nachdem, mit welchem Betriebssystem dein Smartphone arbeitet. Wenn du nun deine E-Mail-App öffnest, kannst du eine E-Mail-Adresse eingeben und dein Foto als Anlage anhängen.
- **Übertragung durch Bluetooth** ⓑ : Auf dem sendenden Gerät und auf dem empfangenden Gerät muss Bluetooth aktiviert sein. Klicke auf „Bluetooth-Gerät hinzufügen". Nachdem die Verbindung aufgebaut ist, kannst du die Fotos aus-

wählen, die übertragen werden sollen. Du klickst auf „Senden an" und die Dateien werden an das Empfangsgerät übermittelt.
- **Anschließen der Speicherkarte des Smartphones an den Laptop:** Du entnimmst die Speicherkarte aus dem Smartphone und setzt sie in den Speicherkartenslot des Empfangsgeräts ein. Anschließend wählst du im Explorer das Laufwerk der Speicherkarte und die zu übertragenden Dateien aus und markierst sie. Durch Kopieren und Einfügen speicherst du die Fotos in dem gewünschten Ordner.

Achtung: Nicht alle Smartphones haben entnehmbare Speicherkarten.
- **Zwischenspeichern in einer Cloud:** Dazu musst du in einer Cloud angemeldet sein. Lade die Fotos von deinem Smartphone in deine Cloud hoch. Öffne anschließend von deinem Laptop die Cloud und beginne den Download deiner Fotos in das gewünschte Verzeichnis. Wenn du die Bilder nicht weiter auf deinem Laptop oder PC be- oder verarbeiten möchtest, sondern nur hin und wieder anschauen möchtest, kannst du die Fotos auch in der Cloud gespeichert lassen.

1.4 Bildeigenschaften

Zu den Bildeigenschaften zählen die Auflösung und das Format, in dem die Fotos abgespeichert sind.

Bildauflösung

Bilder bestehen aus vielen winzig kleinen Quadraten, den sogenannten **Pixeln** oder **Bildpunkten.** Die Auflösung stellt die Anzahl der Pixel dar, die ein Foto hat oder ein Gerät wiedergeben kann. Je nach Anzahl der Pixel verändert sich die Qualität des Bilds.

Hohe Pixelanzahl

Niedrige Pixelanzahl

Die Bildauflösung wird durch zwei Zahlen angegeben, z. B. 1024 x 768. Die erste Zahl gibt die Anzahl der Bildpunkte pro Zeile an. Die zweite Zahl gibt die Anzahl der Bildpunkte pro Spalte an.
Oft sieht man im Zusammenhang mit der Bildqualität die Einheit „dpi". Sie steht für „dots per inch", also „Punkte pro Zoll". Diese Einheit zeigt ausschließlich die Schärfe eines Bilds in **ausgedruckter Form** an. Die Längeneinheit „1 Zoll" entspricht 2,54 cm.
Pixel hingegen geben die Auflösung eines **digitalen Bildes** an.

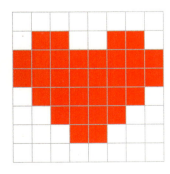

Dieses digitale Bild hat eine Auflösung von 8 x 8 Pixeln.

Wenn nun das digitale Bild von Seite 9, unten, eine Auflösung von 1024 x 768 Pixeln hätte, bedeutet das: Es befinden sich auf der gleichen Höhe und Breite nicht nur acht Zeilen, sondern 1024 Zeilen und nicht nur acht Spalten, sondern 768 Spalten. Die Anzahl der Bildpunkte auf der gleichen Fläche ist viel höher. Das Raster ist dadurch nicht mehr erkennbar und die Darstellung des Bilds wird um ein Vielfaches schärfer.

Auf Grund der Anordnung der Bildpunkte in einem Raster bezeichnet man diese Bilder auch als „**Rastergrafiken**" oder „**Pixelgrafiken**".

1 Erstelle mithilfe der Tabellenfunktion in deinem Office-Programm eine eigene Pixelgrafik. Diese muss nicht einer gängigen Auflösung entsprechen.

2 Auch bei Fernsehgeräten ist die Auflösung wichtig. Recherchiere die Auflösung für HD, für Full-HD und für Ultra-HD/4K.

Bild- bzw. Dateiformate

Du kannst deine digitalen Bilder in unterschiedlichen Formaten abspeichern. Die Formate unterscheiden sich darin, wie viel Speicherplatz ein Foto belegt und in welcher Farbqualität es abgespeichert wird.
Je nach dem Format, in dem du dein Bild abspeicherst, werden die Daten, die jedes Bild beinhaltet, zusätzlich verkleinert. Diesen Vorgang nennt man „**komprimieren**". Die Komprimierung kann allerdings die Qualität deines Bilds beeinträchtigen. Beispielsweise werden Farben nicht mehr genau wie im Originalbild dargestellt oder dein Bild wird unscharf. Darum solltest du wissen, welches Dateiformat für dein Bild und deine Ansprüche geeignet ist.

Dateiformat für Bilder	Merkmale und Verwendung
.jpg/.jpeg joint photographic experts group	• gängiges Bildformat • braucht wenig Speicherplatz • Qualitätsverlust bei Komprimierung • wird im Internet verwendet, da wenig Speicherplatz beansprucht wird
.png portable network graphics	• wenig Speicherplatz • kaum Qualitätsverlust bei Komprimierung
.tiff/.tif tagged image file format	• benötigt viel Speicherplatz • verliert keine Bildinformationen beim Speichern • wird für Printmedien eingesetzt • eignet sich, um Bilder in guter Qualität zu versenden
.gif graphics interchanges format	• hat nur eine kleine Farbpalette • benötigt geringen Speicherplatz • verliert keine Bildinformationen bei Komprimierung • wird als animierte Webgrafik eingesetzt
.bmp/.dib bitmap/device-independent bitmap	• speichert Bildinformationen ohne Verlust • benötigt viel Speicherplatz
.xcf eXperimental Computing Facility	• Dateiformat des freien Bildbearbeitungsprogramms GIMP • kann nicht von allen anderen Bildbearbeitungsprogrammen gelesen werden • zusätzliches Abspeichern in einem anderen, gängigeren Bildformat ist ratsam

Du kannst dein Bild auch gezielt komprimieren, ohne es in einem anderen Dateiformat abzuspeichern. Je höher die dpi-Zahl deines Bilds ist, umso besser ist seine Qualität und umso mehr Speicherplatz benötigt es.

1. Situation: Umgang mit Bildern

1. Speichere deine Fotos der Fotosafari unter verschiedenen Bildformaten in deinem Ordner „Informatik/Bildbearbeitung" ab.
2. Wähle ein Bild aus, öffne es in deinem Bildbearbeitungsprogramm und komprimiere es. Informiere dich über die Hilfe-Funktion deines Bildbearbeitungsprogramms oder im Internet, wie du vorgehen musst.
3. Beschreibe nun deine Veränderungen im Vergleich zum jeweiligen Originalbild.

1.5 Grundlegende Möglichkeiten der Bildbearbeitung

Jugendliche nehmen zumeist Fotos mit ihrem Smartphone auf, um diese in sozialen Netzwerken hochzuladen. Viele Smartphones stellen unter anderem deshalb vorinstallierte **Bildbearbeitungs-Apps** zur Verfügung. Zudem gibt es zahlreiche Bearbeitungsprogramme, die gratis heruntergeladen werden können. Diese Programme bieten zusätzliche sinnvolle Funktionen an. Mit ihnen lässt sich ein Bild jedoch auch stark verfremden.

Die vorinstallierten Funktionen der Bildbearbeitung findest du beim Öffnen deiner Fotogalerie. Dort wird dir das Menü „Bearbeiten" angezeigt. Öffnest du dieses Menü, gelangst du zu verschiedenen Auswahlmöglichkeiten der Bildbearbeitung. Bevor du dein Bild veränderst, solltest du das Originalbild sichern. Falls du das Original nicht gespeichert hast und deine Veränderungen dir nicht gefallen, kannst du die Veränderungen nicht mehr rückgängig machen. Dein Originalbild ist verloren.

Proportionalität

Ein Bild **proportional** zu verändern, heißt, das Verhältnis von Breite und Seite gleich zu belassen. Änderst du ein Bild nicht proportional, erscheinen die abgebildeten Personen oder Dinge verzerrt.
Verändere daher die Größe deines Bilds immer proportional an den markierten Eckpunkten, z. B. in der Funktion „Zuschneiden".
Bei manchen Bildbearbeitungsprogrammen musst du eine Taste drücken (z. B. die Umschalttaste), um ein proportionales Vergrößern zu ermöglichen.

Eine Veränderung ohne Berücksichtigung der Proportionalität sieht so aus:

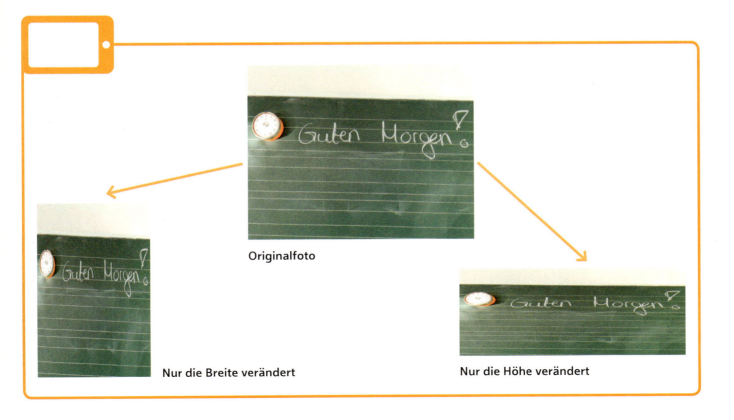

Originalfoto

Nur die Breite verändert

Nur die Höhe verändert

Zuschneiden

Mit dieser Funktion entfernst du unwichtige Bereiche an den Seiten des Bilds.
Achtung: Schneidest du dein Foto nur an einer einzigen Seite zu, verändert sich ebenfalls die Proportionalität und dein Bild kann verzerrt werden.

Um ein Bild zuzuschneiden, tippst du auf dieses Symbol: ⌷. Daraufhin erscheint um dein Foto ein Rahmen mit verstärkten Eckpunkten. Tippe nun mit deinem Finger auf eine Markierung und schiebe diese soweit, bis der Teil des Bilds, den du entfernen willst, abgeschnitten wird.

Originalfoto mit Zuschneiderahmen   Zuschneiderahmen mit dem gewünschten Zuschnitt   Zugeschnittenes Foto

Bestätige deine Bildbearbeitung, indem du auf den Haken tippst.

Tippst du auf einen der **Eckpunkte**, so wird dein Bild proportional zugeschnitten. Dies bietet sich an, wenn man einen speziellen Ausschnitt aus dem Foto haben möchte.

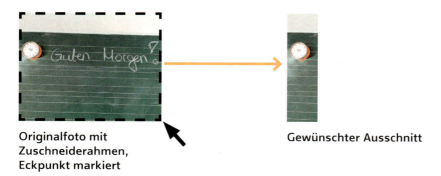

Originalfoto mit Zuschneiderahmen, Eckpunkt markiert   Gewünschter Ausschnitt

Helligkeit und Kontrast

Die Helligkeit eines Bilds erhöhen, bedeutet, die hellen Bildpunkte zu verstärken. Möchtest du ein Bild verdunkeln, dann verstärkst du die dunklen Bildpunkte. Über das Symbol ✱ im Menü „Anpassen" kannst du diese Einstellung wählen. Schiebe dazu die Skala nach rechts oder links, um die gewünschte Helligkeit zu erreichen.

Dunkler   Originalfoto   Heller

1. Situation: Umgang mit Bildern

Wird der Kontrast erhöht, so wirken Bilder härter. Gegenteilig dazu wirken Bilder bei Verringerung des Kontrasts weicher. Mit diesem Symbol ◐ kannst du den Kontrast erhöhen oder verringern.

Weniger Kontrast   Originalfoto   Mehr Kontrast

Filter
Bei den vorinstallierten Filterfunktionen handelt es sich meistens um Farbfilter. Im einfachsten Fall wird ein Farbbild in ein Schwarz-Weiß-Bild umgewandelt, indem jede Farbe aus dem Bild entfernt (gefiltert) wird. Verwendest du z. B. einen Rotfilter, verstärken sich die Rottöne.

Viele Bildbearbeitungs-Apps haben weitere Effektfilter im Angebot, die z. B. ein Gesicht in eine Fratze verwandeln, Landschaftsdarstellungen mit einem Muster oder einer Struktur belegen oder ein Foto in eine Zeichnung verwandeln. Häufig findet man für die Bezeichnung „Filter" auch den Begriff **„Effekte"**.

Originalfoto   Effektfilter

1 Probiere die unterschiedlichen Bildbearbeitungsmöglichkeiten an deinen Selfies von Seite 8, Aufgabe 1, mit dem Schultablet oder einer digitalen Schulkamera aus.

2 Erkläre den Sinn der einzelnen Möglichkeiten und für welche Zwecke sie eingesetzt werden können.

1.6 Persönlichkeitsrechte

Die Persönlichkeitsrechte beziehen sich auf die Person selbst und ihren privaten Lebensbereich. Neben den allgemeinen Persönlichkeitsrechten wie „Die Würde des Menschen ist unantastbar …" und „… Jeder Mensch hat das Recht auf Leben und körperliche Unversehrtheit …", die in unserem Grundgesetz verankert sind, gibt es weitere spezielle Persönlichkeitsrechte. Auch diese sind im Grundgesetz aufgeführt und daher rechtlich bindend.

Du hast einfache Möglichkeiten der Bildbearbeitung mit deinem Smartphone kennengelernt. Du darfst diese Funktionen jedoch nicht bei jedem Bild anwenden. Es gibt Gesetze, die du bei der Aufnahme und Veränderung von Bildern beachten musst.

Das Urheberrecht

Du darfst Bilder aus dem Internet nicht einfach verändern und bearbeiten, denn sie unterliegen dem Urheberrecht. Das bedeutet, dass der Verfasser, also derjenige, der das Produkt erstellt hat, darüber bestimmt, ob du das Produkt weiterverwenden darfst oder nicht.

Manche Urheber versehen ihre Werke mit einer **Creative-Commons-Lizenz**. Bilder mit dieser Lizenz darfst du unter Beachtung der Bedingungen verwenden und verändern. Die unterschiedlichen Creative-Commons-Lizenzen hast du bereits im vergangenen Schuljahr kennengelernt.

1 Wiederhole die Bedeutung der unterschiedlichen Creative-Commons-Lizenzen. Recherchiere dazu im Internet oder nimm deine Aufzeichnungen aus dem vergangenen Schuljahr zu Hilfe.

2 Erkläre mit eigenen Worten die Unterschiede der Creative-Commons-Lizenzmodelle.

Das Recht am eigenen Bild

In Deutschland hat jeder Mensch das Recht am eigenen Bild: Du entscheidest bei jeder Abbildung, auf der du zu erkennen bist, ob sie veröffentlicht oder an andere Personen weitergegeben werden darf oder nicht.

Auch du selbst darfst kein Foto veröffentlichen oder verändern, auf dem andere Personen erkennbar sind. Dies gilt auch dann, wenn du die Veränderung lustig findest oder keine böse Absicht dabei hast.

Verlasse dich nicht auf eine mündliche Erlaubnis der abgebildeten Person zur Veröffentlichung. Im Zweifelsfall ist diese mündliche Absprache kein Beweis. Bei einer Anzeige und Verurteilung droht eine Geldstrafe oder eine Freiheitsstrafe.

Es hilft dir, wenn du mit einem Bildbearbeitungsprogramm für den PC oder den Laptop umgehen kannst und die Gesichter anderer Personen auf deinen Fotos verpixelst. Dadurch können die Menschen nicht mehr identifiziert werden. Genauso solltest du mit Autokennzeichen, Straßenschildern, Hausnummern oder weiteren Dingen verfahren, die anderen Menschen zweifelsfrei zugeordnet werden können.

> **Tipp**
> Betrachte jedes Foto ganz genau, bevor du es in sozialen Netzwerken oder anderswo veröffentlichst. Es gibt zwar Ausnahmen vom Veröffentlichungsverbot, z. B. wenn man eine Landschaft oder ein Gebäude fotografiert und andere Personen rein zufällig auf dem Bild sind. Ein hundertprozentiger Schutz vor Strafe ist dies jedoch nicht. Möchtest du sichergehen, dann mache alle Identifikationsmerkmale anderer Menschen unkenntlich.

In der folgenden Situation 2 wirst du mit einem Bildbearbeitungsprogramm für den PC bzw. Laptop arbeiten, mit dem du unter anderem Bilder teilweise verpixeln kannst.

2. Situation: Rastergrafiken mit dem Programm GIMP bearbeiten

Für einfache Veröffentlichungen von Bildern, z. B. in sozialen Netzwerken oder deinem Messenger-Dienst, reichen die Bildbearbeitungsmöglichkeiten deines Smartphones durchaus. Möchtest du mit deinen Bildern allerdings einen professionelleren Eindruck hinterlassen, eine Fotomontage erstellen oder Stellen im Bild retuschieren, so benötigst du ein besseres Bildbearbeitungsprogramm.

1 Berate dich mit deinen Mitschülerinnen/Mitschülern, für welchen Einsatz im privaten und geschäftlichen Bereich Bilder professioneller bearbeitet sein sollten.

2 Sammelt eure Ergebnisse in einer Mindmap.

2.1 Rastergrafiken

Dass Bilder Darstellungen von realen oder fiktiven Gegenständen sind, weißt du bereits aus Situation 1. Oft begegnet dir statt „Bild" der Begriff „Grafik". Auch eine Grafik fällt unter die Bezeichnung „Bilder". Ein wesentliches Kennzeichen einer Grafik ist, dass sie selbst designt, also selbst entworfen, gezeichnet oder gemalt wurde.

Eine Rastergrafik besteht aus vielen kleinen Bildquadraten, den **Pixeln**. Jeder einzelne Pixel wird durch die Farbinformationen und seine Anordnung (Höhe und Breite) innerhalb des gesamten Rasters bestimmt. Mit diesen Informationen können Rastergrafiken mit Bildbearbeitungsprogrammen gut bearbeitet werden.

Eine Rastergrafik erkennst du am besten, wenn du sie **vergrößerst.** Wenn die Grafik **unscharf** wird und sich eventuell sogar einzelne Pixel zeigen, dann arbeitest du mit einer Pixel- oder Rastergrafik.

Auf den folgenden Seiten lernst du, mit dem Bildbearbeitungsprogramm GIMP
- Schritt für Schritt aus zwei Bildern eine Fotomontage anzufertigen,
- Stellen in einem Bild zu retuschieren und
- das neue Bild in andere Programme einzubinden.

Am besten hältst du für die folgenden Anwendungen zwei Bilder bereit, aus denen du eine Fotomontage erstellen möchtest. Dann kannst du alle Schritte gleich praktisch ausprobieren.

2.2 Das Programm GIMP

Das Programm GIMP ist ein **Freeware-Programm** zur Bildbearbeitung. Freeware bedeutet, es kann kostenlos aus dem Internet heruntergeladen werden. Die meisten Bildbearbeitungsprogramme funktionieren ähnlich. Vorteilhaft ist, dass die verwendeten Fachbegriffe weitgehend gleich sind. Zunächst betrachten wir den Programmaufbau von GIMP.

1 Vergleiche den Programmaufbau von GIMP mit anderen dir bereits bekannten Programmen. Nenne Unterschiede und Ähnlichkeiten. Notiere deine Erkenntnisse.

2. Situation: Rastergrafiken mit dem Programm GIMP bearbeiten

Über jedem **Dialogfeld** befinden sich Register mit weiteren Funktionen zur Auswahl.  In der oben zu sehenden Abbildung ist das Dialogfeld „Filter" geöffnet. Durch einen Linksklick auf ein anderes Register kannst du die Dialogfelder deinen Bedürfnissen anpassen.

Wenn du wissen möchtest, welche Funktion sich hinter den einzelnen  Registersymbolen befindet, oder welche weiteren Befehle in einer bestimmten Werkzeuggruppe eingebettet sind, lenke deinen Mauszeiger auf das Symbol. Lasse ihn dort kurz liegen. Jetzt öffnet sich ein kleines Textfeld, in dem steht, welche Funktion du aufrufen kannst.

Auch an Werkzeugen und Werkzeugeinstellungen steht dir viel mehr zur Auswahl als das, was du auf den ersten Blick im Werkzeugkasten siehst. Überall dort, wo sich ein kleines weißes Dreieck auf der Schaltfläche befindet, sind zahlreiche weitere Werkzeuge versteckt. Klicke mit einem Linksklick darauf. Wenn du das Dialogfeld „Werkzeugeinstellungen" ausgewählt hast, erscheinen Einstellungsmöglichkeiten für das entsprechende Werkzeug in dem Dialogfeld. Möchtest du ein anderes Werkzeug aus der Gruppe auswählen, so klicke mit der linken Maustaste auf das Symbol und halte die Maustaste gedrückt. Es öffnet sich ein Textfeld mit den Bezeichnungen der Werkzeuge aus der Gruppe. Fahre nun mit der Maus auf dein gewünschtes Werkzeug. Wenn es durch einen Balken hervorgehoben oder markiert ist, lasse die Maustaste los. Du hast das Symbol für dein Wunschwerkzeug für deine Bearbeitung ausgewählt. Es erscheint nun im Werkzeugkasten.

Grundsätzlich kannst du, wenn du jetzt beim Ausprobieren mit dem Programm einige Voreinstellungen verändert hast, diese wieder in die Ausgangslage zurücksetzen. Klicke dazu in der Menüleiste auf „Bearbeiten". Wähle anschließend das Menü „Einstellungen" und aktiviere „Zurücksetzen" durch einen Mausklick. Zur Sicherheit wirst du noch einmal gefragt, ob du die Einstellungen auch wirklich zurücksetzen möchtest. Wenn du diese Frage bestätigst, werden alle deine Einstellungen und Veränderungen an der Programmansicht wieder in die Ausgangslage zurückversetzt.

1 Ermittle, in welcher Werkzeuggruppe sich die Funktion „Spiegeln" befindet und beschreibe das Symbol mit eigenen Worten.

2 Beschreibe, wie du mit deiner Maus deine Dialogfelder verkleinerst oder vergrößerst und dadurch auch deinen Arbeitsbereich verkleinerst oder vergrößerst.

3 Du kennst bereits Bildbearbeitungsfunktionen von deinem Smartphone. Sind diese in der Werkzeugauswahl ebenfalls vorhanden? Beschreibe das jeweilige Symbol und die Werkzeuggruppe, in der sie sich befinden.

Ein Bild öffnen

Damit du ein Bild bearbeiten kannst, musst du es zunächst z. B. von deinem Smartphone übertragen. Wie du das machst, hast du bereits gelernt.

Dann öffnest du das Bild in deinem Bildbearbeitungsprogramm. Dazu wählst du die Funktion „Öffnen" im Menü „Datei" aus. Es erscheint eine Liste deiner zugänglichen Laufwerke. Nun musst du den Pfad wissen, der dich zum Speicherort deines Bilds führt. Folge dem Pfad, wähle das zu bearbeitende Bild aus und bestätige den Befehl „Öffnen" durch einen linken Mausklick. Für eine Fotomontage brauchst du mindestens ein weiteres Bild. Dieses öffnest du mit dem Befehl „Als Ebenen öffnen" in deinem Bildbearbeitungsprogramm.

18 1. Ein Bild sagt mehr als tausend Worte

Nun hat sich einiges in deiner Programmansicht verändert. Dies wird für deine weitere Bildbearbeitung sehr wichtig:

In der Titelleiste siehst du den Namen deines Hauptbilds.

Deine Bilder erscheinen nun im Bildfenster, im Dialogfeld „Ebenen" und als Miniaturansicht über dem Bildfenster. Klickst du dort auf das x, so löschst du das eingefügte Bild.

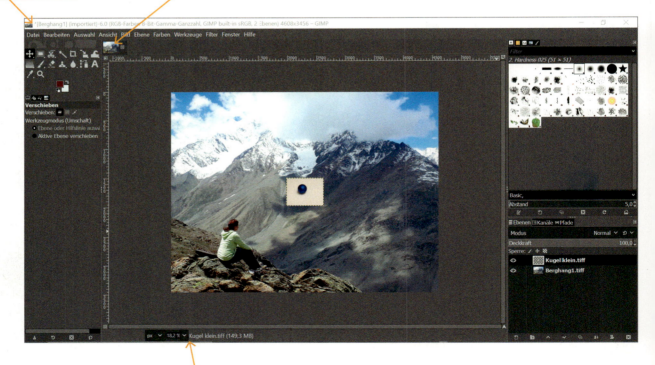

In der Statusleiste siehst du den Titel des aktiven Fotos und eine Zoomfunktion.

1 Öffne zwei gespeicherte Bilder, mit denen du eine Fotomontage erstellen möchtest.

2. Situation: Rastergrafiken mit dem Programm GIMP bearbeiten

Das Dialogfeld „Ebenen"
Dieses Dialogfeld musst du für deine weitere Bearbeitung immer beachten. Hier wird dir angezeigt, welche Bildebene du gerade bearbeitest.

Ein Bild ist aus mehreren Schichten aufgebaut – dem Hintergrund eines Bilds, dem Vordergrund und einigen Zwischenschichten. Du kannst dir das so vorstellen, als würden viele Folien mit unterschiedlichen Abbildungen übereinanderliegen. Erst wenn alle Folien übereinandergestapelt sind, ergibt sich beim Daraufschauen ein komplettes Bild. Noch wichtiger ist diese Funktion, wenn du mit zwei oder mehr Bildern gleichzeitig arbeitest. Welche Ebene aktiv ist, erkennst du an dem schwarzen Balken als Markierung.

Ebenen ein- und ausschalten
Ebenen, mit denen du gerade nicht arbeitest, kannst du ausschalten. Dadurch behältst du einen besseren Überblick. Das Ein- und Ausblenden von Ebenen geschieht durch einen Mausklick auf das Augensymbol, das sich vor dem Namen der Ebene befindet.

Ebenen duplizieren
Bevor du dein Bild veränderst oder bearbeitest, solltest du das Bild immer duplizieren. Duplizieren ist ein dem Kopieren ähnlicher Vorgang. Er erhält dir das Originalfoto für den Fall, dass dir eine Änderung nicht gefällt oder dir beim Speichern ein Fehler unterlaufen ist. Dein Duplikat erscheint im Dialogfeld „Ebenen".

Gehe folgendermaßen vor:
1. Rechter Mausklick auf dein Bild in der Bildfläche
2. Linker Mausklick auf „Ebene duplizieren"

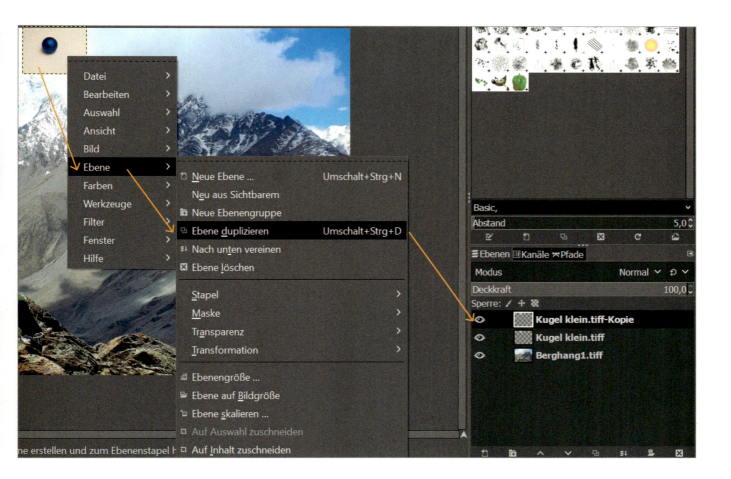

1 Führe die eben erklärten Arbeitsschritte mit deinen beiden Auswahlfotos durch.

 Sicher interessiert dich, was dieses Muster auf deinen Ebenen zu bedeuten hat. Es zeigt an, dass die Ebene an dieser Stelle keine Farbinformationen für ein Bild hat – also **transparent** (durchsichtig) ist. Die Anzeige dieses Musters hilft dir z. B. dabei, die Größe der Bildfläche anzugeben.

Speichern eines Bilds

Du kannst deine bearbeiteten Bilder wie gewohnt im Menü „Datei" durch „Speichern unter" gezielt in ein Laufwerk und einen Ordner speichern. Den Speichervorgang solltest du immer nach wenigen Arbeitsschritten zur Sicherheit durchführen. Vergib einen sinnvollen Dateinamen, der es dir ermöglicht, den Verlauf der Bearbeitung nachzuvollziehen.
Beispiel: DeinName_Berghang_retuschiert.xcf
Das Dateiformat „**.xcf**" ist das spezielle Dateiformat des Programms GIMP.

Shortcuts erleichtern dir die Arbeit

Wie viele andere Softwareprogramme erleichtert dir auch GIMP die Arbeit dadurch, dass du viele Funktionen und Werkzeuge durch gleichzeitiges Drücken von Tastenkombinationen (**Shortcuts**) aufrufen kannst. So ersparst du dir die Suche in den zahlreichen Menüs und Untermenüs. Welche Funktionen durch Shortcuts aktiviert werden können, erkennst du an der Buchstabenkombination hinter einer Funktion in den Menüs oder deiner Werkzeugbezeichnung.

Hier ist eine Auswahl der wichtigsten Shortcuts von GIMP:

Funktion	Tastenkombination
Rückgängig	Strg + Z
Wiederherstellen	Strg + Y
Kopieren	Strg + C
Einfügen	Strg + V
Speichern	Strg + S
Drucken	Strg + P
Werkzeug „Verschieben"	M
Werkzeug „Pinsel"	P

1 Ermittle die Tastenkombination für den Befehl „Ebene duplizieren".

2.3 Bildbearbeitung – Fotomontage

Bevor du ein Foto retuschierst, musst du daran denken, dass die Veränderung – also das Retuschieren eines Bilds – **strafbar** ist, wenn dadurch andere Menschen **in böser Absicht getäuscht** oder ihre **Persönlichkeitsrechte** oder das **Urheberrecht verletzt** werden. Dies solltest du für Veränderungen an Bildern, egal ob du diese an Smartphone, Tablet oder Laptop durchführst, unbedingt beachten. Sei besonders achtsam, wenn du die Bilder nicht nur für deinen privaten Gebrauch bearbeitest, sondern die Fotos in sozialen Netzwerken oder anderswo für die Öffentlichkeit bereitstellst.

Retuschieren eines Bilds

Beim Retuschieren werden einzelne störende Elemente oder Lichtreflexe verändert oder entfernt. Auch Personen können, z. B. aus datenschutzrechtlichen Gründen, auf einem Foto unkenntlich gemacht oder herausretuschiert werden.
Wir betrachten dazu das Bild mit der Bergsteigerin im Hochgebirge genauer und zoomen es größer. Das zweite Bild mit der Kugel wird in dieser Arbeitsphase zunächst ausgeblendet.

Zoomen
In der Statusleiste findest du die Schaltfläche zum Zoomen von Bildern.

Verschieben
Meistens ist es notwendig, nach dem Zoomen deine Bildebene zu verschieben, damit der gewünschte Ausschnitt wieder auf der Bildfläche erscheint.

Aktiviere dazu das Symbol im Werkzeugkasten, halte die linke Maustaste gedrückt und verschiebe dein Bild, bis der gewünschte Bildausschnitt sichtbar ist.
In der Vergrößerung ist zu erkennen, dass die Frisur der Bergsteigerin nicht richtig sitzt.
Auf anderen Fotos könnte eine Hautunreinheit stören oder ein Stück Abfall, das nicht auf dem Bild zu sehen sein sollte. Diese Bildmakel können mit wenigen Klicks wegretuschiert werden.

Schritt 1:
Zunächst benötigst du die Farbe der betreffenden Bildstelle, um den Makel unauffällig abzudecken. Hier hilft dir die Pipette aus dem Werkzeugkasten. Aktiviere diese durch einen Linksklick. Klicke danach die Farbe in deinem Bild an, die du verwenden möchtest. Diese Farbe wird nun als Hintergrundfarbe angezeigt.

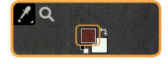

Schritt 2:
Aktiviere das Werkzeug „Pinsel".

Wähle hier die Einstellung für die Härte deines Zeichenwerkzeugs.
Und als Letztes in dieser Werkzeuggruppe wählst du die Größe des Pinsels aus.
Merke dir: Je kleiner der zu retuschierende Makel ist, umso kleiner sollte auch das Werkzeug sein.

Du kannst nun entweder mit gedrückter Maustaste über den Makel fahren oder auf die Stelle immer wieder kontrolliert klicken, bis sie abgedeckt ist. Mit der Farbe kannst du flexibel arbeiten, indem du durch die Pipettenfunktion die Hintergrundfarbe immer wieder neu vergibst. Dadurch entsteht eine einfache Schattierung im Farbverlauf, die echter wirkt als nur eine einzige Farbe.

Zoome nun dein Bild wieder kleiner und verschiebe es auf die vorgegebene Ebenengröße. Das Hauptbild ist für die Fotomontage vorbereitet. Für die nächsten Schritte kannst du es ausblenden.

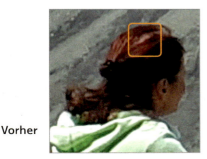
Vorher

Nachher

Freistellen oder Ausschneiden eines Bildausschnitts
Um einen Gegenstand oder eine Person aus einem Bild auszuschneiden (= freizustellen), hast du zwei Möglichkeiten.

Möglichkeit A: Werkzeug „Zauberstab"
Der Zauberstab eignet sich am besten zur Freistellung, wenn das Objekt von einer farblich einheitlichen Fläche wie einem blauen Himmel oder einer grünen Wiese umgeben ist.

Vergrößere zunächst dein Bild durch Zoomen. Aktiviere anschließend den Zauberstab in der Werkzeuggruppe.
Wähle in den Werkzeugeinstellungen „Kanten glätten" aus. Die anderen Auswahlmöglichkeiten kannst du deaktivieren.
Wenn du nun mit dem Zauberstab auf die einheitliche Farbfläche klickst, die du entfernen möchtest, erscheint eine dünne schwarz-weiße Linie um deine Auswahl. Je näher du an dein Objekt heranklickst, desto genauer kannst du dessen Umrisse markieren. Wenn du deine Auswahl falsch getroffen hast, machst du den letzten Schritt mit der Tastenkombination „Strg + Z" rückgängig.

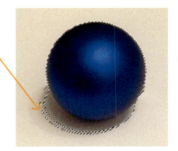

Möglichkeit B: Werkzeug „Freie Auswahl" oder Lasso
Diese Möglichkeit verwendet man bei Objekten mit ungleichmäßigen Umrissen.

Zoome dein Bild groß, damit du den Umriss des Objekts, das du ausschneiden möchtest, gut erkennen kannst. Aktiviere das Werkzeug „Freie Auswahl" im Werkzeugkasten.

Klicke nun mit der linken Maustaste kleinschrittig auf den Umriss des Bildausschnitts. Beende die Funktion erst, wenn du wieder am Ausgangspunkt angelangt bist. Dein letzter Klick erfolgt auf den Startpunkt. Bestätige deine Auswahl mit der Eingabetaste.
Diese Methode kann etwas mühseliger und langwieriger sein. Dafür erhält man mit etwas Übung sehr genaue Ergebnisse.

Abschließen des Freistellens eines Objekts
Die abschließenden Schritte sind bei allen Möglichkeiten des Freistellens gleich, egal, welche du wählst. Damit dein gewünschter Ausschnitt zur Weiterbearbeitung übrigbleibt, musst du deine Auswahl umkehren. Durch das Umkehren werden die Bereiche, die du entfernen willst, transparent gemacht.

2. Situation: Rastergrafiken mit dem Programm GIMP bearbeiten

Klicke dazu mit der rechten Maustaste in das Bild. Es öffnet sich ein Menü. Wähle den Menüpunkt „Auswahl" und danach „Invertieren" (= Umkehren) durch einen linken Mausklick aus. Drücke nun die Taste „Entf" (Entfernen) auf deiner Tastatur. Es bleibt nur der gewünschte Bildausschnitt übrig. Alles Weitere wird transparent.

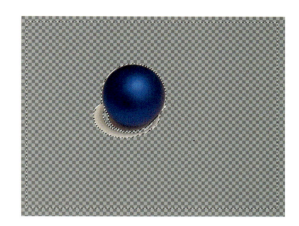

Kopiere den freigestellten Bildausschnitt mit „Strg + C" und füge ihn gleich wieder mit „Strg + V" ein. In deinem Ebenen-Dialogfeld erscheint der Hinweis auf eine „Schwebende Auswahl (Eingefügte Ebene)". Um mit deinem Ausschnitt weiter zu arbeiten, musst du ihn verankern. Dazu klickst du auf das grüne Ankersymbol am unteren Ende des Ebenen-Dialogfelds. Wenn du nun dein Hauptbild aktivierst, siehst du darin deinen Bildausschnitt.

1 Führe die Übungen mit deinen vorbereiteten Bildern durch.

Skalieren

Um deinen einzufügenden Ausschnitt zu perfektionieren, solltest du die Umrisse noch einmal nachbearbeiten. Dazu musst du den Ausschnitt **skalieren** (= proportional vergrößern oder verkleinern). Verwende dazu das Werkzeug „Skalieren" aus der Werkzeuggruppe „Transformationswerkzeuge". Aktiviere das Werkzeug und klicke auf den Bildausschnitt.

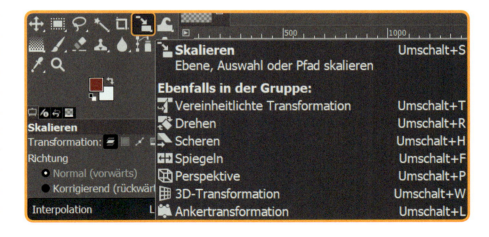

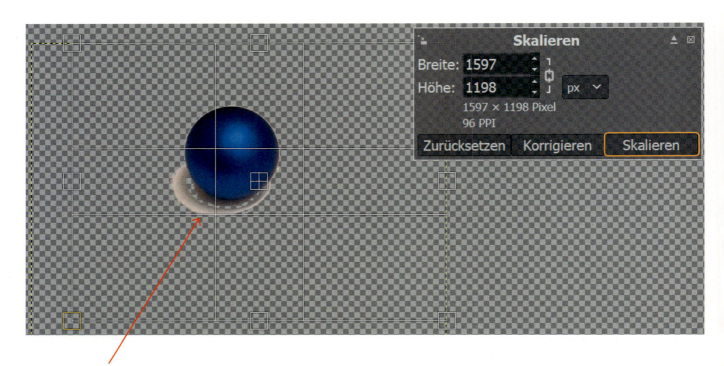

Wenn du mit gedrückter Maustaste an den Ecken ziehst, behältst du die Proportionen des Bilds bei. Wenn du eine gute Arbeitsgröße hast, bestätige deine Auswahl, indem du im Menüfenster auf „Skalieren" klickst.

Radieren

Vielleicht ist dir beim Skalieren aufgefallen, dass noch Reste der alten Bildumgebung am Ausschnitt anhaften. Diese kannst du mit dem Werkzeug „Radierer" wegradieren. Aktiviere das Werkzeug. Stelle in der Werkzeugeinstellung die Größe des Radierers ein. Fahre nun mit gedrückter Maustaste über die Stellen, die du noch beseitigen möchtest. Falls du zu viel wegradiert hast, machst du den letzten Schritt mit „Strg + Z" rückgängig.

Fertigstellen
1. Aktiviere dein Hintergrundbild.
2. Aktiviere deinen Bildausschnitt.
3. Skaliere deinen Bildausschnitt passend zum Hintergrundbild.
4. Drehe eventuell deinen Bildausschnitt.
5. Speichere deine Fotomontage.

Mit diesen Funktionen kannst du Gesichter, Straßenschilder oder Autokennzeichen unkenntlich machen, um nicht gegen Datenschutzbestimmungen beim Veröffentlichen deiner Bilder zu verstoßen. Gesichter kannst du nun verpixeln oder mit einer Blume verdecken. Straßennamen oder Autokennzeichen übermalst du mit dem Pinsel und der Pipette oder einer anderen Farbe.

1 Stelle deine Fotomontage fertig und speichere dein Ergebnis ab.

2 Überlege, was du alles vor einer Veröffentlichung noch unkenntlich machen solltest. Notiere dir deine Überlegungen.

2.4 Ein in GIMP bearbeitetes Bild exportieren

Leider können viele Programme und Apps Bilder nicht verarbeiten, die im GIMP-Dateiformat „.xcf" gespeichert sind. Bilder in diesem Dateiformat kannst du in sozialen Netzwerken nicht veröffentlichen. GIMP bietet jedoch einen Ausweg. Nach dem Speichern im .xcf-Format exportierst du deine Bilder in ein gängiges Dateiformat. Die allgemein benutzten Dateiformate sind dir bereits aus Situation 1 bekannt. Beim Exportieren gehst du folgendermaßen vor:

1. Öffne das Menü „Datei".
2. Klicke auf „Exportieren nach".
3. Vergib einen Dateinamen.
4. Wähle deinen Zielordner, in dem du die Datei speichern willst.
5. Wähle im Kontextmenü „Dateityp" dein gewünschtes Dateiformat, z. B. jpg, aus. Ziehe dazu die Menülaufleiste auf der rechten Seite mit der Maus nach unten oder oben, bis der gewünschte Dateityp erscheint.
6. Klicke auf „Exportieren".
7. Bestätige die letzte Abfrage nochmals mit einem linken Mausklick auf „Exportieren".

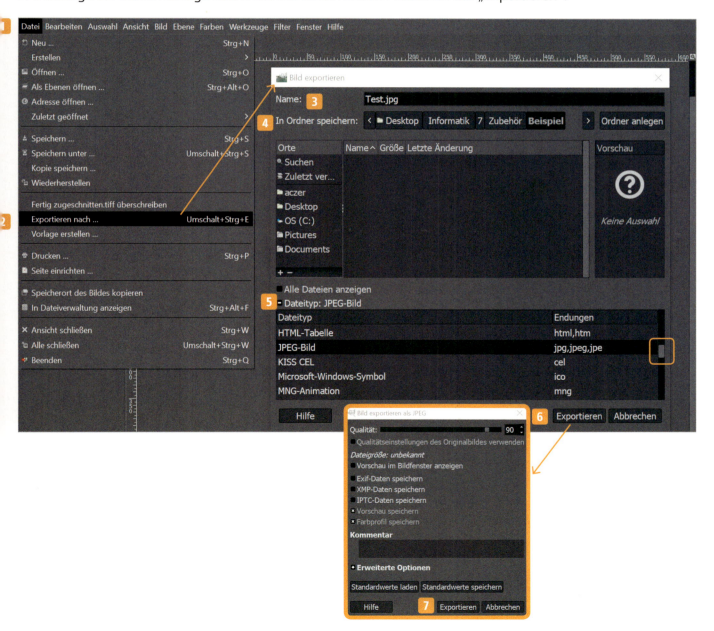

3. Situation: Vektorgrafiken erstellen und bearbeiten

3.1. Eigenschaften von Vektorgrafiken

Neben den Rastergrafiken gibt es noch ein weiteres Grafikformat, die sogenannte Vektorgrafik. Ein **Vektor** ist ein mathematisches Objekt, das durch zwei Punkte bestimmt wird, den Startpunkt und den Endpunkt. Die Verbindung dieser beiden Punkte nennt man **Pfad.**

Rastergrafiken werden durch Pixel, durch Bildpunkte, dargestellt. Vektorgrafiken werden durch Bildlinien dargestellt. Die **Bildlinien** sind einfache mathematische, grafische Formen, die durch solche Pfade definiert werden. Dazu gehören u. a. Objekte aus den Klassen der Rechtecke und Vielecke sowie der Kreis und die gerade Linie. Da diese einfachen Objekte aus Linien, Kurven und Winkeln bestehen und nicht aus einer Vielzahl an Pixeln, benötigen Vektorgrafiken deutlich **weniger Speicherplatz** als Rastergrafiken. Außerdem lassen sich Vektorgrafiken ohne Qualitätsverlust **sehr gut skalieren,** also sehr gut vergrößern und verkleinern, ohne dass unschöne Pixel sichtbar werden.

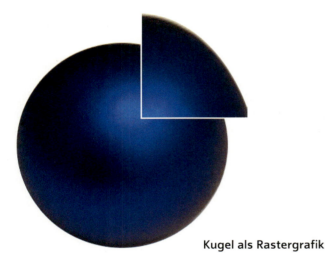
Kugel als Rastergrafik

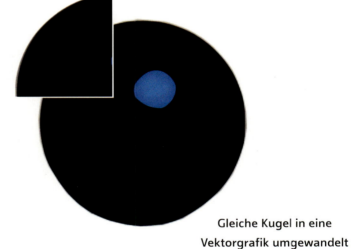
Gleiche Kugel in eine Vektorgrafik umgewandelt

Diese Eigenschaften machen den Einsatz von Vektorgrafiken bei der Gestaltung von Firmenlogos besonders interessant. Firmenlogos müssen auf unterschiedlichen Produkten platziert werden: sehr klein als Werbung auf Kugelschreibern, klein auf einem Briefkopf oder groß auf einem Werbeplakat. Eine ständige Neuerzeugung oder Umwandlung einer Rastergrafik wäre zeitraubend und nicht effizient.

Auch Vektorgrafiken können in allen Farben und individuell gestaltet werden. Dazu werden den Attributen, z. B. xy-Koordinaten, Breite, Höhe, Mittelpunkt, Linienart und Farbe, bestimmte Werte gegeben. Attributwerte können z. B. „Durchmesser 4 cm", „Linienstärke 4 pt" oder „Blau" sein. Jedes Objekt einer Klasse hat die gleichen Attribute, nicht jedoch die gleichen Attributwerte.

1 Betrachte die beiden folgenden Abbildungen. Entscheide, welche der Grafiken eine Vektorgrafik ist. Begründe deine Aussage sinnvoll.

3. Situation: Vektorgrafiken erstellen und bearbeiten

Zum besseren Verständnis betrachtest du die nebenstehende Vektorgrafik und die Tabelle, die sie beschreibt.

Klasse	Objektname	Attribut	Attributwert
Rechteck	Erdgeschoss	Breite Höhe Farbe	6 cm 4 cm Blau
Rechteck	Tür	Breite Höhe Farbe	1 cm 1,5 cm Rot
Rechteck	Fenster	Breite Höhe Farbe	2,5 cm 2 cm Grau
Dreieck	Dach	Basis a Winkel α, β, γ Farbe	7 cm 45°, 45°, 90° Gelb
Kreis	Dachluke	Radius Farbe	1 cm Grau

1 Recherchiere zwei Firmenlogos deiner Wahl.

2 Analysiere die beiden Logos im Hinblick auf die verwendeten Objekte.

3 Erstelle für jedes Logo eine Tabelle mit den Einteilungen nach Klasse, Objektname, Attribut und Attributwert.

4 Fülle die Tabelle mit deinen Analyseergebnissen sorgfältig aus.

Vektorgrafiken haben andere Dateiendungen als Rastergrafiken. Die gängigsten Formate sind **.svg**, **.swf**, **.wmf**, **.odg**, **.ai**, **.sxd**, **.emf** und **.cdr**. Heutzutage können Officeprogramme und digitale Präsentationsprogramme Vektorgrafiken meist unproblematisch öffnen.

Um Vektorgrafiken zu erzeugen, benötigst du ein spezielles Bildbearbeitungsprogramm. Diese Programme gibt es in vielerlei Arten als Freeware. Manche ermöglichen dir, Rastergrafiken in Vektorgrafiken umzuwandeln. Dies führt oft zu nicht

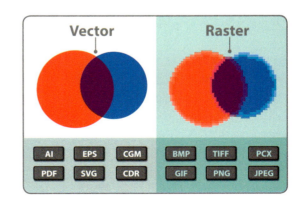

zufriedenstellenden Ergebnissen. Die Attributwerte können bei Vektorgrafiken im Nachhinein verändert werden. Dies ist jedoch aufwendiger als bei Rastergrafiken.

3.2. Eine Vektorgrafik erstellen

Mit dem Programm „Inkscape" kannst du einfach und schnell Vektorgrafiken erzeugen. Dieses Bildbearbeitungsprogramm ist kostenlos als Freeware erhältlich. Viele Begriffe, die Inkscape verwendet, sind identisch mit denen anderer Programme. Die Vorgehensweise wird dir jetzt schrittweise anhand eines Beispiellogos für die Musikbranche demonstriert.

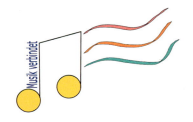

1 Gestalte anhand der nachfolgenden Arbeitsschritte das oben abgebildete Logo nach.

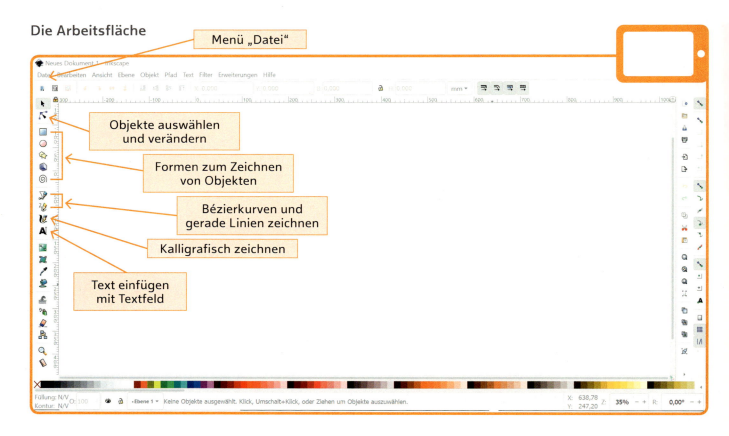

Zunächst lernst du die Befehle kennen, die du grundlegend zur Gestaltung eines Logos brauchst. Wie du siehst, ist auch dieses Programm im Aufbau allen anderen dir bisher bekannten Programmen sehr ähnlich.

Eine Form zeichnen

Du klickst deine ausgewählte Form mit einem linken Mausklick an und ziehst mit gedrückter Maustaste auf der Arbeitsfläche deine Form auf. Möchtest du sie weiterbearbeiten, z. B. vergrößern, verkleinern oder mit Farbe füllen, so musst du den Zeichenbefehl beenden und das Objekt markieren. Klicke dazu einfach auf den Befehl „Objekte auswählen und verändern". Dein Objekt ist nun markiert und du kannst es weiterbearbeiten.

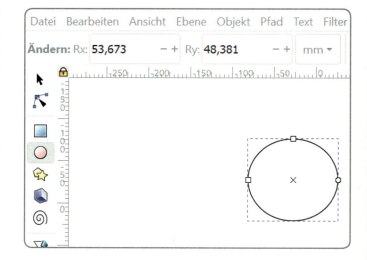

3. Situation: Vektorgrafiken erstellen und bearbeiten

Füllung und Kontur ändern

Markiere dein Objekt und klicke dann mit der rechten Maustaste auf das Objekt. Es öffnet sich eine Menüauswahl. Wähle „Füllung und Kontur" mit der linken Maustaste aus.

Je nachdem, welche Farbe du verändern möchtest, aktivierst du das entsprechende Register mit einem linken Mausklick.

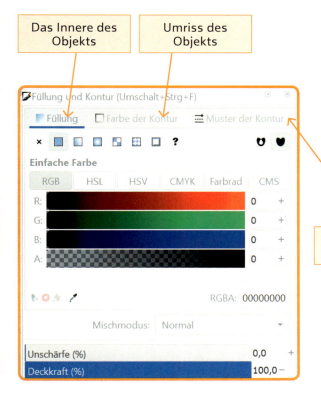

Das Innere des Objekts

Umriss des Objekts

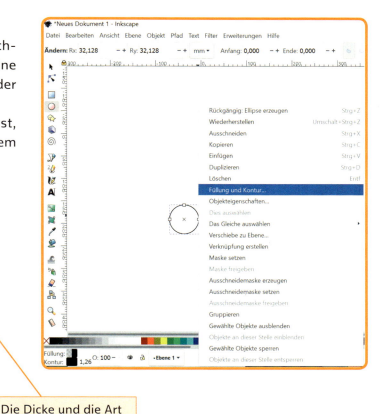

Die Dicke und die Art der Umrisslinie

1 ☒ Du kannst die „Füllung und Kontur" eines Objekts auch über die Farbpalette am unteren Programmrand verändern. Finde heraus, wie du dabei vorgehen musst.

Eine gerade Linie zeichnen

Aktiviere das Zeichentool „Bézierkurve und gerade Linien zeichnen". Eine **Bézierkurve** ist übrigens eine spezielle Kurvenform, mit der man schnell schöne Formen erzeugen kann.

Klicke an den Anfangspunkt der Linie und dann wieder, wenn die Linie zu Ende ist oder in eine andere Richtung geht.

Objekte verschieben

Dazu markierst du dein Objekt. Es erscheint nun in einem Rahmen mit Ziehpfeilen. An diesen kannst du dein Objekt vergrößern und verkleinern, indem du mit der linken Maustaste daraufklickst und die Maustaste gedrückt hältst.

Wenn du deinen Mauszeiger auf dem Objekt bewegst, bis ein kleiner Vierfachpfeil erscheint, und nun die linke Maustaste drückst und hältst, kannst du dein Objekt verschieben.

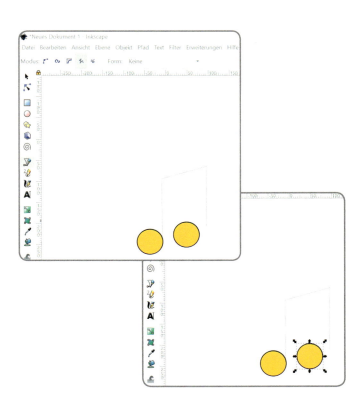

Wellen zeichnen

Um die Wellen des Logos zu zeichnen, aktivierst du das Zeichentool „Kalligrafisch zeichnen" 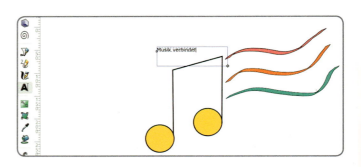 und ziehst bei gedrückter Maustaste eine Wellenlinie. Diese kannst du mit den bereits bekannten Tools weiterbearbeiten.

Text hinzufügen

Text fügst du mit einem Textfeld ein, das du durch einen Linksklick auf den Befehl „Text hinzufügen" aktivierst. Schreibe deinen Text in das Textfeld hinein.

Möchtest du eine andere Schriftart oder Schriftfarbe auswählen, musst du den Text markieren, mit der rechten Maustaste die Menüauswahl öffnen und entweder „Text und Schriftart" oder „Füllung und Kontur" wählen.

Vektorgrafik speichern

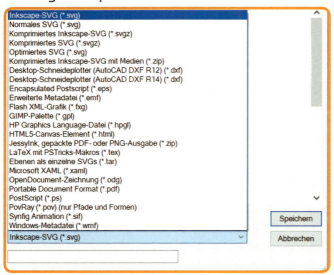

Wenn du mit deiner Arbeit zufrieden bist, musst du dein Logo noch speichern. Dazu wählst du – wie bereits aus anderen Programmen bekannt – im Menü „Datei" die Option „Speichern unter" aus. Vergib einen sinnvollen Dateinamen und wähle aus dem Menü „Dateiformat" dein bevorzugtes Speicherformat für Vektorgrafiken aus. Dies ist in erster Linie davon abhängig, welches Format du unproblematisch in deinen anderen Anwendungsprogrammen öffnen kannst. Bestätige deine Einstellungen mit „Speichern". Wenn alles richtig funktioniert hat, kannst du nun dein Logo für weitere Aufgaben verwenden.

1 Erstelle ein Logo für dich. Es sollte eine bildliche Darstellung deines Lieblingshobbys sein.

2 Speichere es in deinem Ordner „Informatik".

3.3 Bildlayout

Um dein Logo oder andere Bilder in digitale Präsentationen oder Printprodukte einzubinden, musst du das richtige Bildlayout beachten. Das Bildlayout beschreibt zum einen, auf welcher Ebene sich dein Bild befindet und zum anderen, wie weitere Objekte oder Texte um das Bild angeordnet werden.

Hast du dein Bild in ein Textverarbeitungsprogramm eingefügt und ist das Bild aktiviert, dann erscheint in deiner Menüleiste eine neue Registerkarte namens „Bildtools". Dort findest du verschiedene Möglichkeiten der Einstellungen für Bildlayouts. Die nachfolgende Tabelle zeigt dir den Effekt des jeweiligen Layouts.

3. Situation: Vektorgrafiken erstellen und bearbeiten

Bildlayout	Bilddarstellung
Quadrat Der Text passt sich um einen gedachten Rahmen herum an das Bild an.	Musik ist ein gelebtes Gefühl, manchmal ganz kühl, dann wieder einfühlsam und leise, immer auf ver- schiedene Weise kann man Musik und den Rhythmus spüren. Musik verbindet Menschen, sie weht über alle Grenzen, in jeder Sprache und Nation hat Musik den gleichen Ton!
Oben und unten Der Text steht über und unter dem Bild.	Musik ist ein gelebtes Gefühl, manchmal ganz kühl, dann wieder einfühlsam und leise, immer auf verschiedene Weise kann man Musik und den Rhythmus spüren. Musik verbindet Menschen, sie weht über alle Grenzen, in jeder
Transparent Das Bild wirkt durchscheinend.	Musik ist ein gelebtes Gefühl, manchmal ganz kühl, dann wieder einfühlsam und leise, immer auf verschiedene Weise kann man Musik und den Rhythmus spüren. Musik verbindet Menschen, sie weht über alle Grenzen, in jeder Sprache und Nation hat Musik den gleichen Ton!
Eng Der Text passt sich um einen gedachten Rahmen ohne Abstand an das Bild an.	Musik ist ein gelebtes Gefühl, manchmal ganz kühl, dann wieder einfühlsam und leise, immer auf ver- schiedene Weise kann man Musik und den Rhythmus spüren. Musik verbindet Menschen, sie weht über alle Grenzen, in jeder Sprache und Nation hat Musik den
Mit Text in Zeile Das Bild wird mitten im Text eingefügt und verdrängt Wörter und Zeilen auf Bildgröße (meist voreingestellte Option).	Musik ist ein gelebtes Gefühl, manchmal ganz kühl, dann wieder einfühlsam und leise, immer auf ver- schiedene Weise kann man Musik und den Rhythmus spüren. Musik verbindet Menschen, sie weht über alle Grenzen, in jeder Sprache und Nation hat Musik den gleichen Ton!
Vor den Text Das Bild liegt als oberste Ebene und verdeckt den Text.	Musik ist ein gelebtes Gefühl, manchmal ganz kühl, dann wieder einfühlsam und leise, immer auf verschi eise kann man Musik und den Rhythmus spüren. Musik verbindet en, sie weht über alle Grenzen, in jeder Sprache und Nation hat Musik den gleichen Ton!
Hinter den Text Das Bild wird vom Text teilweise verdeckt. **Achtung:** Das Bild lässt sich nicht mehr verschieben. **Trick:** Verwende den Shortcut „Strg + A" für alles markieren. Klicke dann auf das Bild. Nun ist es wieder ausgewählt.	Musik ist ein gelebtes Gefühl, manchmal ganz kühl, dann wieder einfühlsam und leise, immer auf verschiedene Weise kann man Musik und den Rhythmus spüren. Musik verbindet Menschen, sie weht über alle Grenzen, in jeder Sprache und Nation hat Musik den gleichen Ton!

1 Öffne dein Logo in einem Textverarbeitungsprogramm.

2 Schreibe oder lade einen Text von ca. fünf Zeilen.

3 Probiere die unterschiedlichen Layoutoptionen aus.

Am Ende dieses Kapitels kannst du ...

> Bilder auf andere Datenträger übertragen.

> zwischen Vektorgrafik und Rastergrafik unterscheiden.

> Rastergrafiken und Vektorgrafiken anhand des Dateiformats erkennen.

> Vorteile und Nachteile von Vektorgrafiken und Rastergrafiken nennen.

> das „Recht am eigenen Bild" beachten.

> das Urheberrecht berücksichtigen.

> grundlegende Bildbearbeitungsmöglichkeiten in unterschiedlichen Programmen und digitalen Medien anwenden.

> gängige Shortcuts in verschiedenen Programmen einsetzen.

> Fachbegriffe der Bildbearbeitung verwenden.

> Bilder unter Beachtung des Bildlayouts in Printprodukte oder digitale Medien einbinden.

1 Wähle ein Foto aus einem sozialen Netzwerk.

   a) Untersuche dieses Foto anhand der kennengelernten Kriterien kritisch.

   b) Notiere dir deine Eindrücke und Kritikpunkte.

2 Erstelle eine Collage zu deinem Lieblingshobby.

   a) Fotografiere dazu typische Gegenstände deines Hobbys.

   b) Stelle die Gegenstände in deinen Fotos frei und füge sie in einem Bild zusammen. Beachte hier besonders die Einstellungen des Bildlayouts.

   c) Präsentiere deine Collage mit einer kurzen Vorstellung deines Hobbys. Erkläre, wie und wo du die Bilder gemacht hast.

3 Stelle die Unterschiede von Rastergrafiken und Vektorgrafiken mit Vorteilen und Nachteilen in einer Tabelle gegenüber.

	Rastergrafik	Vektorgrafik
Vorteile	...	...
Nachteile	...	...

praxis

In diesem Kapitel ...

> lernt ihr Begrifflichkeiten und Bedeutung der Objektorientierung kennen.
> untersucht ihr die Verbindung zwischen Scratch und der Objektorientierung.
> nutzt ihr Variablen und wendet sie in Programmen an.
> beschäftigt ihr euch mit der Anwendung von Grafiken in Scratch.
> lernt ihr Programme selbst zu planen.

2 Programmierung in Scratch

1. Situation: Wiederholung
- Grundlegende Begriffe, Programmierbausteine sowie Aufbau von Programmen in Scratch und als PAP

2. Situation: Objektorientierung
- Grundbegriffe und ihre Anwendung
- Klassen- und Objektkarten
- Bedeutung und Anwendung für Figuren aus Programmen in Scratch

3. Situation: Variablen in Programmen nutzen
- Definition und Funktionsweise
- Anwendung in Scratch

4. Situation: Grafiken in Scratch
- Figuren und Kostüme
- Eigene Bilddateien und Bühnenbilder einbinden
- Mein Avatar

5. Situation: Programme planen
- Vorüberlegungen, Planung und Umsetzung eigener Programme

6. Situation: Fehlersuche in Programmen
- Vorgehensweise bei der Fehlerfindung
- Fehlersuche und -behebung in eigenen Programmen

1. Situation: Wiederholung aus Informatik 5/6

1.1 Wichtige Fachbegriffe der Programmierung

In den vergangenen zwei Schuljahren hast du viele wichtige Fachbegriffe kennengelernt. In der folgenden Übersicht findest du die Begriffe, die du bereits kennst und beschreiben kannst.

Algorithmus: ein eindeutiger Ablauf zur Lösung eines „Problems". Der Algorithmus besteht aus einer definierten Abfolge von Befehlen. Das sogenannte „Problem" ist in der Informatik gleichbedeutend mit der Aufgabe deines Programms.

Anweisung: Damit beschreibst du den ausführbaren Befehl beispielsweise einer Figur.

Bedingung: ein Zustand, ein Wert oder eine Eingabe, die Einfluss auf den Programmablauf nehmen und ihn entsprechend ihrer eigenen Eigenschaften verändern können.

Sequenz: die einfachste und kleinste Form einer Programmstruktur. Sie umfasst die simple Abfolge mehrerer Befehle hintereinander und kann Teil eines komplexen Programms (Algorithmus) sein.

Niedere Programmiersprache: die sogenannte Assembler- oder auch Maschinensprache. Diese ist für Computer am einfachsten auszuführen, da sie auf die von der Hardware ausgeführte Struktur ausgelegt ist. Doch was für den Computer sehr einfach zu verstehen ist, ist für uns Menschen im Vergleich zu höheren Programmiersprachen sehr kompliziert.

Höhere Programmiersprache: Sie wurde hauptsächlich mit dem Ziel entwickelt, für den Menschen verständlich zu sein. Sie soll möglichst leicht zu lesen und auch zu schreiben sein. Beispiele für höhere Programmiersprachen sind C, C+ und Python. Es gibt noch viele weitere. Auch Scratch zählt dazu.

Kompilieren: Um eine höhere Programmiersprache schneller ausführen zu können, wird sie in eine niedere Programmiersprache umgewandelt. Diesen Vorgang nennt man kompilieren.

Grafische Programmiersprache: eine Programmiersprache, die mit grafischen/bildlichen Elementen arbeitet. Dazu gehört z. B. Scratch.

Semantik: Hinter diesem Begriff versteckt sich der vom Programmierer definierte Sinn und Zweck eines Programms. Wird das Programm nicht sauber ausgeführt oder macht es etwas anderes, als der Programmierer festgelegt hatte, spricht man von einem „semantischen Fehler".

Hauptprogramm: Hierunter versteht man den grundlegenden Programmierablauf eines gesamten Programms. Es sorgt für die Grundstruktur.

Unterprogramm: Unterprogramme können vom Hauptprogramm (auch wiederholt) aufgerufen werden. Sie können auch einzeln für sich stehen und durch Eingaben aufgerufen werden. Unterprogramme sorgen für mehr Übersicht und vereinfachen das Hauptprogramm.

Programmablaufplan (PAP): Der PAP ist die einfachste Möglichkeit, einen Programmablauf auf dem Papier zu planen. Damit lässt sich eine Struktur herstellen, die in eine Programmiersprache leichter zu übernehmen ist.

Programmschleife: Programmschleifen gibt es in vielen Varianten. Sie können durch eine Bedingung „entscheiden", welcher Programmpfad ausgeführt wird. Sie können auch einen Programmpfad unendlich oft oder nur für eine bestimmte Dauer/Anzahl von Wiederholungen ausführen.

Eingabe: Als Eingabe bezeichnet man in der Programmierung immer das Einwirken von „außen" auf einen Programmablauf. Dies kann beispielsweise durch eine Mausbewegung oder eine Tasteneingabe auf der Tastatur geschehen.

Ausgabe: Ausgaben sind die jeweiligen Aktionen, die durch die Befehle in einem Programm an ein ausführendes Element, beispielsweise unsere Figuren in Scratch, dargestellt werden.

1. Situation: Wiederholung aus Informatik 5/6

1.2 Wichtige Scratch-Programmierbausteine im Überblick

Programmstart durch das „Fähnchen"	
Wenn 🏳 angeklickt	Hiermit beginnt jedes Scratch-Programm. Das „Fähnchen" ist der Anfang eines jeden Programmablaufs. Alle weiteren Bausteine werden darunter angehängt.
Gehe zu/Position festlegen	
gehe zu x: 120 y: 0	Dieser Baustein legt die Position einer Figur fest. Du kannst sie zu Beginn und/oder mitten in deinem Programm verwenden.
Gehe x er Schritt	
gehe 10 er Schritt	Bewegt deine Figur in einem bestimmten Abstand nach vorne.
Drehe dich	
drehe dich ↻ um 15 Grad *drehe dich ↺ um 15 Grad*	Dreht deine Figur um eine bestimmte Gradzahl nach rechts oder nach links.
Wiederhole x mal/kopfgesteuerte Schleife mit Zähler	
wiederhole 10 mal	Der Programmteil innerhalb der Schleife wird so oft wiederholt, bis die eingegebene Anzahl erreicht ist. Dann geht das Programm unterhalb der Schleife weiter.
Wiederhole fortlaufend/Endlosschleife	
wiederhole fortlaufend	Der Programmteil innerhalb der Schleife wird unendlich oft wiederholt. Nach dieser Endlosschleife kannst du keine weiteren Programmierbausteine anhängen.
Sage x für x Sekunden	
sage Hallo! für 2 Sekunden	Du gibst deiner Figur für eine bestimmte Zeit eine Sprechblase. Darin erscheint der Text, den du eingibst.
Zeige dich/verstecke dich	
zeige dich *verstecke dich*	Du machst Figuren sichtbar oder unsichtbar.
Sende Nachricht x an alle/Sende Nachricht x an alle und warte	
sende Nachricht1 an alle	Dieser Baustein sendet eine Nachricht und startet somit den entsprechenden Startbaustein. Nach dem Senden der Nachricht wird der Programmablauf unterhalb ohne Unterbrechung fortgesetzt.
Wenn ich Nachricht x empfange	
Wenn ich Nachricht1 empfange	Ein Programmablauf wird durch den Aufruf in einem weiteren Programmablauf gestartet.
Wenn Taste x gedrückt wird	
Wenn Taste Leertaste gedrückt wird	Das darunterstehende Programm wird gestartet, wenn die entsprechende Taste gedrückt wird. Im Beispiel ist dies die Leertaste. Es kann auch jede andere beliebige Taste auf der Tastatur ausgewählt werden.

1.3 Ablaufpläne schreiben

Der **Programmablaufplan** – kurz PAP – ist das einfachste und schnellste Mittel, um einen Programmablauf und dessen „Wege" zu **veranschaulichen und grafisch darzustellen.**

In den vergangenen zwei Schuljahren hast du den PAP bereits immer parallel als **Planungsmittel** benutzt. Hier kannst du dir noch einmal die wichtigsten Bausteine, die du bis jetzt kennst, und den grundlegenden Aufbau eines PAP ansehen:

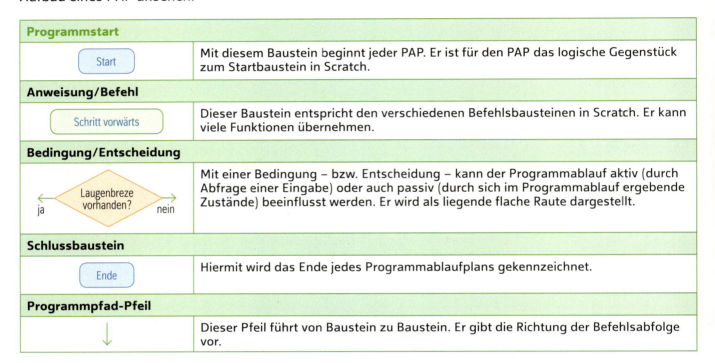

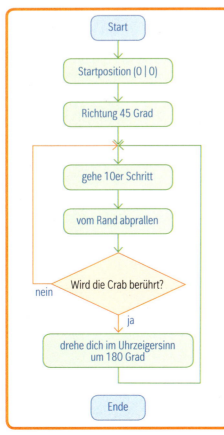

Links siehst du einen PAP mit einer Bedingung abgebildet. Hier kannst du nochmals den Aufbau eines solchen PAP nachvollziehen.

Zu **Beginn** des PAP steht der **Startbaustein**, der immer den Beginn eines jeden Programmablaufplans markiert.

Unter ihm folgt der schrittweise Aufbau des Programms, der aus den jeweiligen **Befehlsbausteinen** besteht. Die **Programmpfad-Pfeile** führen durch den Programmablauf und legen die Reihenfolge der Befehle fest.

Wird eine **Bedingung** im Programmablauf abgefragt, so gibt es stets mindestens **zwei Wege,** die aus dieser Bedingung führen. In der Regel sind es jedoch nur zwei: **Bedingung erfüllt – ja oder nein.** Entsprechend führen dann Programmpfad-Pfeile zu den jeweiligen Programmteilen.

1.4 Übungsaufgabe zur Auffrischung deines bisherigen Wissens

In unserer Übung geht es um zwei Taucher. Einer von ihnen ist der „Tauchlehrer", der den Weg vorgibt, den du als Spieler nachschwimmen musst.

1 Links siehst du den kompletten Programmablauf der Figur „Tauchlehrer" abgebildet. Nenne sowohl die Nachrichten, die sie an die Figur „Spieler" sendet, als auch die Nachrichten, die sie vom Spieler bekommen muss, um selbst darauf reagieren zu können.

2 Öffne die Vorlagedatei mit dem Webcode und lasse das Programm ablaufen. Was fällt dir bei den „Kurven" auf, die der Tauchlehrer schwimmt? Nenne eine Möglichkeit, wie man diesen Ablauf verbessern könnte, um ihn „flüssiger" zu machen.

💻 **Webcode**
Dieses Beispiel findest du zusammen mit den Vorlagen online als **Videotutorial:** WES-116882-001

3 Die Figur „Spieler" ist in der Vorlage noch nicht vorhanden. Sie hat somit noch keinen Programmablauf. Füge dazu die Figur „Diver1" ein und benenne sie entsprechend um.

4 Die Figur „Spieler" soll nun beim Klicken des grünen Fähnchens an der festen Position (x = -220 | y = 125) in Richtung 90 Grad starten. Füge die entsprechenden Programmierbausteine ein und teste dein Programm.

5 Nachdem die Figur nun ihren Startpunkt hat, muss sie dem Tauchlehrer folgen können. Dies möchten wir mit Tastatureingaben über die Pfeiltasten realisieren. Die Drehungen sollen jeweils um 10 Grad erfolgen.

6 Zu Beginn des Programms sendet die Figur „Tauchlehrer" eine Nachricht. Überlege dir eine passende Reaktion der Spielerfigur als „Antwort" in einer Sprechblase.

2. Situation: Objektorientierung in der Programmierung

> **Info**
>
> Unter **Objektorientierung** (OO) versteht man in der Entwicklung von Software eine bestimmte Sichtweise. Man bezeichnet mit diesem Begriff miteinander kooperierende oder kommunizierende Objekte, denen man bestimmte Eigenschaften (Attribute, Attributwerte) und Veränderungsmöglichkeiten (Methoden) zuordnen kann. Diese Objekte interagieren im Programmablauf miteinander.
> Die Objektorientierung ist die Grundlage für alle „objektorientierten" Programmiersprachen. Sie veranschaulicht abstrakte, nicht greifbare Vorgänge bildlich und macht sie verständlich.

2.1 Klasse, Objekt, Attribut und Attributwert

Grundbegriffe der Objektorientierung

Fachbegriff	Begriffsklärung
Klasse	Eine Gruppierung von Objekten der gleichen Art, denen man grundsätzlich gleiche Eigenschaften zuordnen kann
Objekt	Ein „Gegenstand", der bestimmte Eigenschaften beinhaltet und sich daher genau beschreiben lässt
Attribut	„Eigenschaft", die einem Objekt zugeordnet ist
Attributwert	Ein veränderbarer Wert, der das Attribut genauer beschreibt

Ein einfaches Beispiel für die Anwendung
Wahrscheinlich kennst du das Kartenspiel „Quartett". In diesem Spiel erhältst du Karten, auf denen verschiedene Objekte mit ihren Eigenschaften dargestellt sind. Mit diesen Eigenschaften kannst du dann gegen deine Mitspieler/-innen „spielen". Wer den höheren Wert hat, gewinnt.
Sehen wir uns nun eine solche Quartettkarte genauer an.

Auf einer Quartettkarte befinden sich alle Informationen, die ein Objekt bestimmen.

1 Suche zu Hause nach einem Quartettspiel. Analysiere daraus drei Spielkarten so, wie es am Beispiel des „Labarthini Aventura" gezeigt wird. Dokumentiere deine Erkenntnisse.

2.2 Methoden

Nachdem du nun weißt, wie ein Objekt beschrieben wird, müssen wir noch definieren, was für Aktionen es ausführen kann. Hierzu verwendet man sogenannte Methoden.

Fachbegriff	Begriffsklärung
Methode	Eine Methode beschreibt in der Programmierung die Veränderung sowohl der Objekteigenschaften als auch der Aktionen, zu denen ein Objekt fähig ist. Hierzu gehört auch die Interaktion mit anderen Objekten.

Methoden werden nicht direkt für jedes einzelne Objekt, sondern für jede Klasse an Objekten definiert. Sie dienen dazu, für diese Gruppe gleichartiger Objekte gleiche Veränderungs- und Aktionsgrundlagen zu schaffen.

Erst mit der Definition einer bestimmten Methode ist es Objekten möglich, sich zu verändern und mit anderen Objekten zu interagieren. Methoden definieren auch die möglichen Befehle für Programmabläufe. Eine Anweisung kann schließlich nur dann gegeben werden, wenn der Empfänger (das jeweilige Objekt) diese verstehen kann.

Beispielsweise könnten wir in unserem Quartettspiel mit einer Methode bei einem roten Auto die Farbe ändern:

Durch die Methode „FarbeSetzen(lila)" wird in diesem Beispiel das Attribut mit seinem Wert vom Ausgangszustand „Farbe = rot" zu „Farbe = lila" geändert.
Methoden können für jede Anwendung individuell benannt werden, da sie nicht einheitlich genormt sind. Sie unterscheiden sich auch je nach Programm und jeweiliger Programmiersprache. Der Programmierer legt jeweils die Formulierung der Befehle fest.

2.3 Objekt- und Klassenkarten

Aufbau von Objektkarten
Zur Beschreibung von Objekten gibt es in der Programmierung einen vereinfachten Aufbau, der Quartettkarten ähnlich ist.

Die Außenlinie von Objektkarten ist an den **Ecken abgerundet** und in **zwei Zellen** unterteilt. In der oberen Zelle befinden sich Objektname und Klasse.

In der unteren Zelle sind die Attribute und deren Werte nacheinander aufgelistet.

```
Objektname : KLASSE

Attribut    = Attributwert
Attribut    = Attributwert
Attribut    = Attributwert
```

Übertragen wir nun an einem Beispiel die Inhalte einer Quartettkarte in eine Objektkarte:

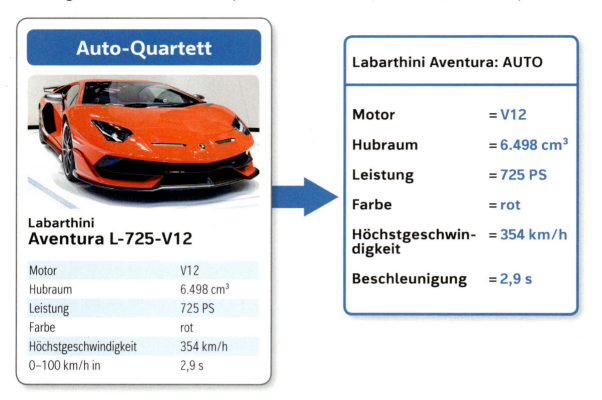

1 Übertrage deine Ergebnisse aus Aufgabe 1 von Seite 38 in die entsprechenden Objektkarten. Achte hierbei auf den korrekten Aufbau.

💻 **Webcode**
Vorlagen- und Übungsmaterial zum Beispiel:
WES-116882-002

Um Objekte in ihren Klassen zusammenfassen und ihre gemeinsamen Attribute (Eigenschaften) einheitlich regeln zu können, fasst man diese in **„Klassenkarten"** zusammen.

In den Klassenkarten werden diese Attribute und auch die Möglichkeiten zur Veränderung (Methoden) aufgelistet.

Aufbau von Klassenkarten
Klassenkarten sind als Kästen mit **drei Zellen** und **spitzen Ecken** aufgebaut.

KLASSE
Attribute
Methoden

Die oberste Zelle enthält die jeweilige Bezeichnung der Klasse. Diese wird immer in Großbuchstaben geschrieben.

Darunter, in der mittleren Zelle, befindet sich die Auflistung der gemeinsamen Attribute (Eigenschaften). Diese Auflistung erfolgt ohne eine Definition von Werten.

In der untersten Zelle sind die verschiedenen Methoden benannt, die zur Änderung der Attribute verwendet werden können.

2. Situation: Objektorientierung in der Programmierung

Zusammenfassen unserer Quartettkarten in eine Klassenkarte

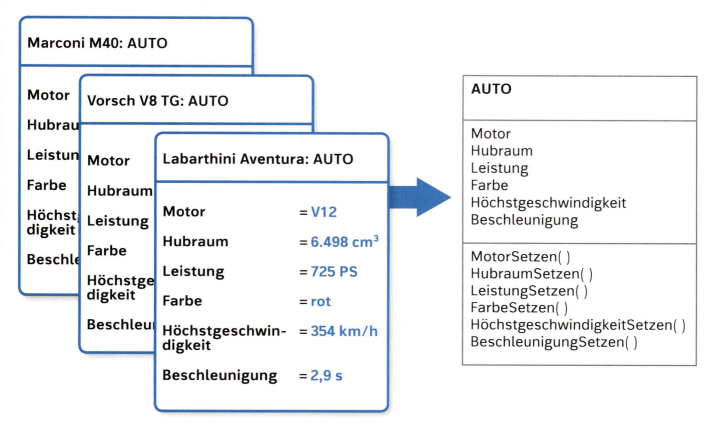

1 Erstelle für die in Aufgabe 1 auf Seite 40 angelegten Objektkarten eine Klassenkarte, in der du die möglichen Methoden für deine Objekte definierst.

Begrifflichkeiten in Kurzform

Fachbegriff	Begriffsklärung
Klassenkarte	Beinhaltet alle zu einem verallgemeinerten Typ gehörenden Objekte. Die Klassenkarte definiert die allgemeinen Attribute und die Methoden zur Bearbeitung der jeweiligen Objekte.
Objektkarte	Enthält den Namen, alle Attribute (Eigenschaften) und deren jeweilige Attributwerte. Die Objektkarte beschreibt also das einzelne Objekt genauer und gibt Auskunft über dessen Eigenschaften.

2.4 Objektorientierung in Scratch

Auch Scratch ist eine objektorientierte Programmiersprache, auf die du diese Definitionen der Objektorientierung anwenden kannst.

Alle Figuren lassen sich in Klassen zusammenfassen, die gleiche Attribute (Eigenschaften) haben. Die Figuren selbst können auch mittels Objektkarten definiert werden. Methoden und somit die möglichen Programmbefehle sind ebenso über die Klassenkarten definierbar.

Webcode
Videotutorial
Objektorientierung in Scratch:
WES-116882-003

Einordnen der Figureigenschaften in eine Objektkarte

Anhand der Figuranalyse von „Cat" siehst du, wie die Figureigenschaften in eine Objektkarte übertragen werden.
Auf diese Weise lassen sich die Eigenschaften (Attribute) einer Figur in Scratch sowohl beim Programmstart als auch in einer bestimmten Situation während des Programmablaufs beschreiben. Mithilfe solcher Objektkarten kannst du einen Ausgangs- oder Zielzustand für die jeweilige Figur definieren und dokumentieren.

1 Füge eine beliebige Figur in Scratch ein. Erstelle eine Objektkarte für ihre in Scratch ersichtlichen Eigenschaften.

2 Öffne einen deiner früheren Programmabläufe. Wähle eine Figur aus und erstelle eine Objektkarte für die Endposition, in der sich die Figur im Programm befindet.

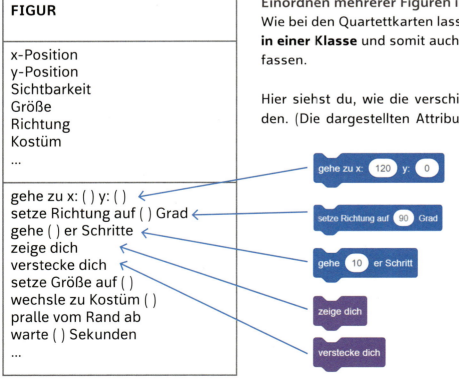

Einordnen mehrerer Figuren in Klassen und deren Methoden
Wie bei den Quartettkarten lassen sich auch hier **mehrere Figuren in einer Klasse** und somit auch in einer **Klassenkarte** zusammenfassen.

Hier siehst du, wie die verschiedenen **Attribute** aufgelistet werden. (Die dargestellten Attribute sind hier nur eine Auswahl.) In der untersten Zelle sind jetzt auch die verschiedenen **Methoden** aufgelistet, mit denen sich das Objekt (die jeweilige Figur) verändern lässt. Diese stellen zugleich unsere verwendeten **Programmierbausteine** dar.

2.5 Übungsaufgaben zur Objektorientierung in Scratch

Jetzt ist es Zeit für einige Übungen zu Objekten in Scratch.

1 Gehe mit einer Partnerin/einem Partner zusammen. Nun erstellt jede/r von euch für sich eine Objektkarte zu einer beliebigen Figur. Beschreibt eurer Partnerin/eurem Partner nun euer jeweiliges Objekt so, dass sie/er von dem beschriebenen Objekt selbst eine Objektkarte erstellen kann.

2 Öffne ein neues Projekt in Scratch. Füge anschließend die Figur ein, die in der unten abgebildeten Objektkarte dargestellt ist.

a) Gib die Position an, an der die Figur im Programmablauf steht.
b) Die Figur soll oben links und doppelt so groß in der Ecke starten. Setze sie mit der Maus/per Fingereingabe in die Ecke und ändere die Objektkarte entsprechend der neuen Position ab.

Parrot: FIGUR	
X-Position	= 200
Y-Position	= -100
Sichtbarkeit	= ja
Größe	= 25
Richtung	= 90
Kostüm	= parrot-b
...	

3 Die Klassenkarte stellt für die aktuelle Situation immer die aktuellen Attribute und deren Werte dar. Sie verändert sich also während eines Programmablaufs ständig. Öffne eines deiner bisherigen Programme und beobachte den Veränderungsverlauf eines der verwendeten Objekte (Figuren). Erstelle sowohl für den Start- und Endzustand eines Programmablaufs als auch für eine frei gewählte Position die jeweilige Objektkarte.

3. Situation: Variablen in Programmen nutzen

3.1 Was ist eine Variable?

Du hast bereits gelernt, was eine Klassenkarte und was eine Objektkarte ist. Nehmen wir ein einfaches Beispiel dazu.

Ein Quadrat:

Objekt: Quadrat q1	
Länge_mm	= 30
Linienstärke	= 2,5
Füllfarbe	= blau
Sichtbarkeit	= ja
Bewegen( ) Drehen( ) Spiegeln( ) FarbeÄndern( )	

Zum Vergleich Scratch:

Objekt: Figur1	
Größe	= 100
Richtung	= 90
Füllfarbe	= blau
Sichtbarkeit	= zeige dich
Bewegen( ) Drehen( ) Spiegeln( ) GrößeÄndern( )	

Die Kantenlänge des Objekts „Quadrat q1" beträgt 30 mm. Wenn du die Kantenlänge auf 40 mm vergrößerst, dann erhältst du ein neues Objekt, das zwar immer noch ein Quadrat ist, jedoch größer.
Wenn du noch nicht weißt, wie groß dein Quadrat werden soll, könntest du die Stelle mit den 30 mm zunächst einmal frei lassen. Noch besser wäre, wenn du anstelle der 30 mm einfach einen **Platzhalter** ? setzt. Durch das Setzen des Platzhalters hast du eine **Variable** erzeugt.

> **Info**
>
> Das Wort **Variable** kommt vom lat. „variare", was „verändern" bedeutet. Eine Variable ist also ein Platzhalter für veränderliche Werte (wie z. B. die Attribute von Objekten).

In Computerprogrammen verwendet man für die Variablen keine herkömmlichen Platzhalter, sondern Buchstaben (wie in der Mathematik „x") oder ganze Wörter. So könnte in unserem obigen Beispiel „Länge_mm" die Bezeichnung für eine Variable sein.

1 Nenne zwei weitere Variablen aus der obigen Objektkarte „Objekt: Quadrat q1".

2 Nenne zwei weitere Variablen aus der obigen Objektkarte „Objekt: Figur 1".

3 Unsere Variable „Länge_mm" kann verschiedene Werte annehmen. Erläutere, ob das grundsätzlich auf alle Variablen zutrifft.

4 Gib ein Beispiel aus der Mathematik an, bei dem mit Variablen gearbeitet wird.

3. Situation: Variablen in Programmen nutzen

Variablen in unserem Klassenzimmer

1 Wir verwenden die Variable „Schuhgröße der Schülerinnen und Schüler". Nennt mögliche passende Werte dazu. Schülerinnen und Schüler, auf die die jeweiligen Werte zutreffen, können einen Fuß hochstrecken.

2 Wähle eine Partnerin/einen Partner. Suche im Klassenzimmer eine Gruppe von Gegenständen, die sich unter einer Variablen zusammenfassen lassen. Nenne diese deiner Partnerin/deinem Partner.

3 Deine Partnerin/dein Partner nennt dir drei passende Werte zu dieser Variablen. Nun sucht deine Partnerin/dein Partner Beispiele für Variablen.

Zusatzinformationen für Profis

Vielleicht macht dir ja das Programmieren richtig Spaß und du willst dich später einmal auch an andere Programmiersprachen herantrauen. Dann werden dir folgende Informationen zum Thema „Variablen" begegnen.

Typen von Variablen
Für die meisten Programmiersprachen gibt es unterschiedliche Typen von Variablen. In Scratch spielt das keine so große Rolle. Später kann es jedoch wichtig sein, wenn man die Ausdrücke schon einmal gehört hat.

Typ	Beschreibung	Beispiel
Typ 1: Ganzzahl (Integer)	Ganze Zahlen, also keine Zahlen mit Kommastellen	„7" „22" „9"
Typ 2: Fließkommazahl (Float)	Zahlen mit Nachkommastellen	„1,5" „2,1" „15,32"
Typ 3: Zeichenkette (String)	Zeichenketten mit beliebigem Inhalt; auch eine Zahl kann als Zeichenkette definiert sein	„Zahl1" „Schritte"
Typ 4: Boolean	Wahrheitswert, der True oder False (richtig oder falsch; ja oder nein) sein kann	„1<2 = True"

Jetzt habt ihr auch eine Antwort zu Aufgabe 3 von Seite 44. Eine Variable kann nicht grundsätzlich alle Werte annehmen (siehe Typ 4).

3.2 Variablen in Scratch

Auch in unserer Programmiersprache Scratch hast du bereits mit Variablen gearbeitet. Erinnerst du dich an folgende Eingabe?

Du hast hier eine Schrittzahl eingegeben. Das bedeutet, du hast an dieser Stelle einen Platzhalter, in den du einen Wert (hier 15) eingeben kannst. Diesen Wert verwendet das Programm dann. Vielleicht heißt die Variable ja „Schrittzahl"? Das erfahren wir später.

Beispiel 1

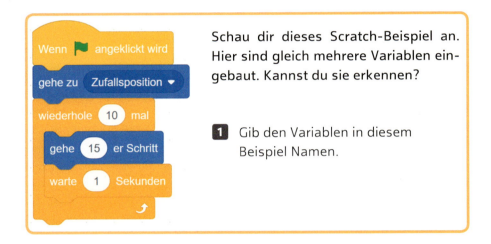

Schau dir dieses Scratch-Beispiel an. Hier sind gleich mehrere Variablen eingebaut. Kannst du sie erkennen?

1 Gib den Variablen in diesem Beispiel Namen.

Beispiel 2
Auch in der Kostümansicht von Scratch sind sehr viele Variablen zu finden.

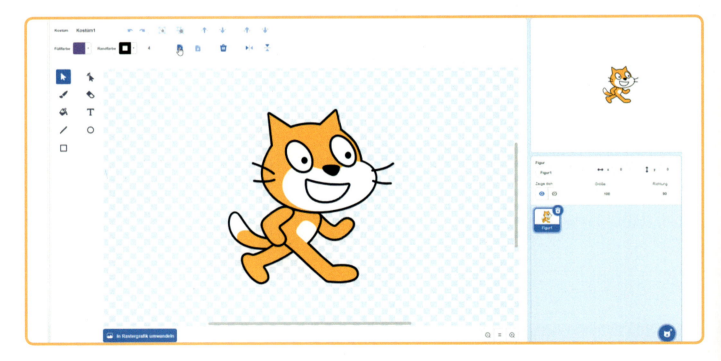

2 Gib den Variablen in diesem Beispiel Namen.

3 Nenne die sieben Attribute, die bei diesen Variablen zu finden sind.

3. Situation: Variablen in Programmen nutzen

Bausteine

Du hast bereits gelernt, dass Scratch eine grafische Benutzeroberfläche (GUI, engl. „graphical user interface") ist.

Das bedeutet, dass die einzelnen **Bausteine** zugleich die Programmiersprache sind.
Du programmierst also in Scratch, indem du die einzelnen Bausteine benutzt. Damit man sich besser zurechtfindet, sind diese Bausteine in **Gruppen** eingeteilt. Du siehst diese Gruppen in Scratch links im Bereich der Programmblöcke.

Bausteine einer Gruppe haben alle die gleiche Farbe. Mit etwas Übung erkennst bereits an der Farbe eines Bausteins, zu welcher Gruppe er gehört.

Bei einigen Bausteinen kannst du Zahlen eintragen, bei anderen nicht. Das bedeutet, dass hinter dieser Zahl immer eine Variable steht. Die Zahl, die du einträgst, nennt sich **Wert**.

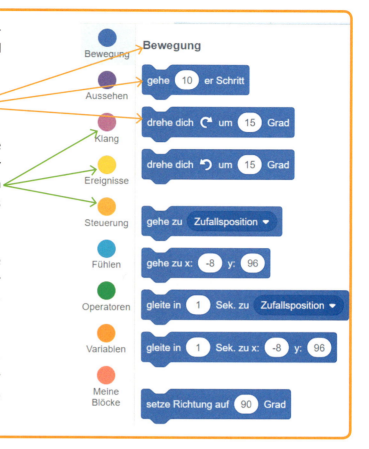

Werte

1 Erstelle folgendes Miniprogramm. Dazu ziehst du zwei Bausteine aus dem Programmblock in den Skriptbereich.

Du siehst, dass in den Bausteinen von Scratch Werte bereits vorgegeben sind.
Wenn du den vorgegebenen Wert von „100" auf z. B. „50" änderst, dann kannst du beobachten, dass sich beim Anklicken der grünen Flagge die Größe von Scratch auf die Hälfte verkleinert.
Durch das Ändern des Werts einer Variablen änderst du also ein Attribut (eine Eigenschaft) eines Objekts.
Auch bei den Methoden eines Objekts (also, ob es sich dreht, sich in eine Richtung bewegt etc.) spielt der Wert einer Variablen eine große Rolle. Wenn du Scratch so programmierst, dass er 10 Schritte gehen soll, bewegt er sich ein kurzes Stück über die Bühne. Setzt du diesen Wert auf „500", verschwindet er fast.

> **Merke**
> Die Werte einer Variablen ändern die Attribute und Methoden eines Objekts.

Nutzen von Variablen

Du hast nun gelernt, dass Variablen Platzhalter sind, die du mit Werten füllen kannst. Auf diese Weise änderst du bestimmte Attribute und Methoden eines Objekts. Dadurch hast du als Programmierer/in sehr viele Möglichkeiten.

Vereinfachen (und Kürzen)

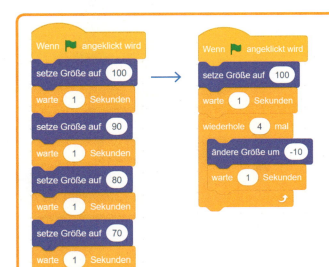

Du siehst in diesem Beispiel, dass du als Programmierer/in den Wert der Variablen „Größe" jedes Mal „per Hand" eingeben könntest.

Weil die Werte der Variablen veränderbar sind, lässt sich dieses Programm sehr viel kürzer und einfacher schreiben. In diesem Fall verringert sich der Wert der Variablen jeweils um „-10". Statt viermal einen Wert einzugeben, lässt du über eine einzige Variable das Programm selber rechnen.

Berechnen

In Scratch gibt es vorgefertigte Bausteine, in die mathematische Operatoren wie „+", „-", „x", „:" bereits eingebaut sind. Du brauchst als Programmierer/in nur die Werte einzugeben und Scratch berechnet dann für dich automatisch das Ergebnis.

Ein Beispiel

„Da könnte man doch gleich „80" reinschreiben!" Selbstverständlich macht das so wenig Sinn.
Sinn macht diese Eingabe dann, wenn man selbst Variablen erstellen kann und Scratch dann damit rechnen lässt.
Und genau das kann Scratch (und andere Programmiersprachen) auch!

Merke

Beim Programmieren kannst du mit Variablen nicht nur die Attribute und Methoden eines Objekts verändern, sondern auch Programmabläufe vereinfachen oder Berechnungen durchführen.

3.3 Eigene Variablen

Wie wäre es zum Beispiel, wenn Scratch für uns zwei Zahlen addieren soll? Dafür benötigst du zwei Variablen: „Zahl1" und „Zahl2".

Klicke auf „Neue Variable". Du wirst nach dem Namen für deine neue Variable gefragt. Du kannst hier bestimmen, ob deine Variable nur für eine oder für alle Figuren gelten soll. Wähle „Für alle Figuren".

Nenne die Variable „Zahl1" und bestätige mit „OK". Deine neue Variable wird sofort angezeigt.
Mit dem blauen Häkchen kannst du einstellen, ob die Variable auf der Bühne zu sehen ist oder nicht.

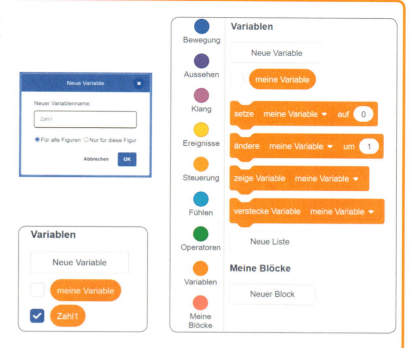

1 Probiere es doch gleich einmal aus und erstelle die Variable „Zahl2".

3.4 Anwendungsbeispiele

Beispiel 1: Scratch addiert

Um Scratch zwei Zahlen addieren zu lassen, müssen wir dem Programm zunächst einmal zwei Zahlenwerte mitteilen. Dafür verwendest du den Befehlsblock `frage Wie heißt du? und warte`. Darin wird während des Programmablaufs eine Eingabezeile eingeblendet, in die der Anwender nun einen Wert eingeben kann.

Und jetzt Achtung!

Mit einem Klick auf das Häkchen wird dieser Wert automatisch in der Variablen „Antwort"  gespeichert. Da noch die „Zahl2" abgefragt werden muss, würde der Wert der Variablen „Antwort" durch Eingabe der „Zahl2" überschrieben werden.

Dies lässt sich leicht verhindern: Im nächsten Befehlsblock, noch bevor die „Zahl2" abgefragt wird, wird der Wert der Variablen „Antwort" an unsere neue Variable „Zahl1" übergeben. Jetzt wird „Zahl1" nicht mehr überschrieben.

Das Gleiche machst du mit der „Zahl2", sodass in den beiden Variablen nun die beiden, vom Anwender eingegebenen Werte stehen.

Dann lässt du Scratch mithilfe des Operators die beiden Werte addieren. Jetzt musst du nur noch das Ergebnis einer Variablen zuordnen, damit es angezeigt wird.

Nun bist du an der Reihe. Ein mögliches Ergebnis siehst du hier:

1 Programmiere das Beispiel nach.

2 Lege weitere Variablen an und lasse Scratch subtrahieren und multiplizieren.

3 Denke an das Abspeichern deiner Programme.

Beispiel 2: Schrittzähler

In diesem kurzen Programm soll Scratch jedes Mal, wenn der Anwender die Leertaste drückt, einen 10er-Schritt nach rechts machen. Dabei soll ein Zähler mitlaufen, der ständig anzeigt, wie viele Schritte Scratch insgesamt gemacht hat.

Oben rechts wird ein „Schalter" eingebaut, der die Schrittzahl auf „0" setzt und Scratch wieder an den Startpunkt setzt.

1. Lade das Bühnenbild „Desert".
2. Lade dir zusätzlich zu Scratch noch die Figur „Button5".
3. Erstelle die Variable „gelaufene Schritte". Stelle diese so ein, dass sie auf der Bühne zu sehen ist.
4. Programmiere „Button5" so, dass …
   – „wenn diese Figur angeklickt wird", der Wert der Variablen auf „0" gesetzt wird und
   – Scratch an seine Startposition (x=-180, y=-100) gesetzt wird. (Tipp: „Nachricht")
5. Programmiere Scratch so, dass …
   – wenn er eine Nachricht empfängt, er an seine Startposition geht und
   – er beim Drücken der Leertaste einen 10er-Schritt macht.
6. Gleichzeitig soll bei jedem Schritt der Schrittzähler um „1" erhöht werden.

3. Situation: Variablen in Programmen nutzen

> **Tipp**
> Ein Programmablaufplan (PAP) erleichtert das Programmieren sehr!

Hilfe: Die folgenden Befehlsblöcke benötigst du.

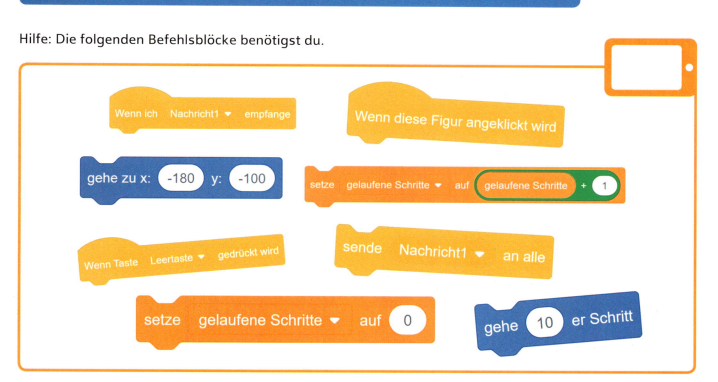

1 Programmiere Beispiel 2 nach.

Beispiel 3: Steuerung

Du weißt bereits, wie du Scratch mit den Pfeiltasten steuern kannst.
Das soll nun in die vorhandene Programmierung mit einfließen.

1. Programmiere Scratch so, dass ...
   – wenn die Pfeiltaste nach rechts gedrückt wird, Scratch einen 10er-Schritt nach rechts macht, und
   – wenn die Pfeiltaste nach links gedrückt wird, Scratch einen 10er-Schritt nach links macht.
2. Gleichzeitig sollen wie in Beispiel 2 alle Schritte gezählt werden.

Hinweise
1. Du musst ähnliche Sequenzen nicht komplett neu programmieren. Mit einem Rechtsklick auf einen Befehlsblock kannst du diesen mit allen Befehlsblöcken, die darunterstehen, einfach kopieren.
2. Dieser Befehlsblock hilft dir auch weiter: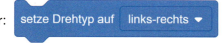

2 Programmiere Beispiel 3 nach.

Beispiel 4: Countdown

Variablen sind das „A und O" für Spiele. Mithilfe von Variablen kannst du nun vieles in dein Programm mit einbauen, z. B. einen Countdown.

Auf diesem Bild siehst du ein erweitertes Programm. Es kommt eine neue Variable und eine neue Figur dazu.
Wie in Beispiel 2 sollen auch dieses Mal die Schritte gezählt werden. Jetzt allerdings soll Scratch innerhalb von acht Sekunden die Schüssel mit dem Obstsalat erreichen.
Nur dann darf er sagen: „Geschafft!"

1. Lade dein letztes Scratch-Projekt.
2. Lade zusätzlich die Figur „Fruit Salad".
3. Erstelle die Variable „Countdown". Stelle diese so ein, dass sie auf der Bühne zu sehen ist.
4. Programmiere „Button5" so um, dass er nun zusätzlich den Wert der Variablen „Countdown" auf „8" setzt.
5. Programmiere Scratch so, dass ...
   – wenn er eine Nachricht empfängt, er an seine Startposition geht.
   – er mit den Pfeiltasten nach links und rechts gesteuert werden kann und dabei jeder Schritt gezählt wird.
   – wenn er eine Nachricht empfängt, die Variable „Countdown" sekundenweise nach unten zählt.
   – wenn er innerhalb von acht Sekunden den Obstsalat berührt, „Geschafft!" sagt.
6. ☒ Für Schnelle: Programmiere Scratch so, dass er beim Anklicken der grünen Flagge fragt, wie viel Zeit er hat, um den Obstsalat zu erreichen. Dieser Wert soll auf die Variable „Countdown" übertragen werden.
7. Erstelle den PAP „Countdown_Scratch/PAP Countdown_Scratch+Lösung".

Da bei diesem Programm sogar „Schleifen" und „Bedingungen" eingebaut sind, bekommst du hier eine Unterstützung. Diese Befehlsblöcke benötigst du zusätzlich:

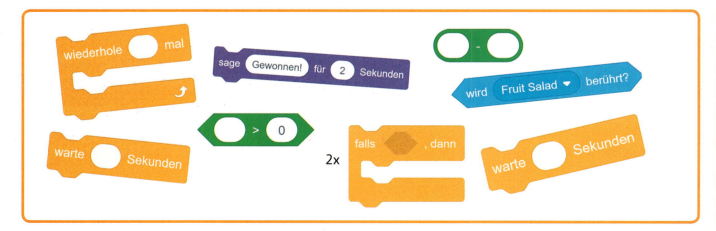

1 Programmiere Beispiel 4 nach.

4. Situation: Grafiken in Scratch

4.1 Figuren (Kostüme) bearbeiten

Bisher hast du in Scratch Figuren mit ihrem standardmäßigen Aussehen verwendet. Viele Figuren haben mehrere Möglichkeiten der Darstellung, die sogenannten „Kostüme".

Auf der linken Seite des Programmfensters findest du im oberen Bereich den Reiter „Kostüme". Wenn du ihn auswählst, wechselt deine Programmansicht. Jetzt kannst du die Kostüme der ausgewählten Figur ansehen und bearbeiten.

💻 **Webcode**
Videotutorial
Übersicht zu Kostümen:
WES-116882-004

Der Reiter „Kostüme" im Überblick

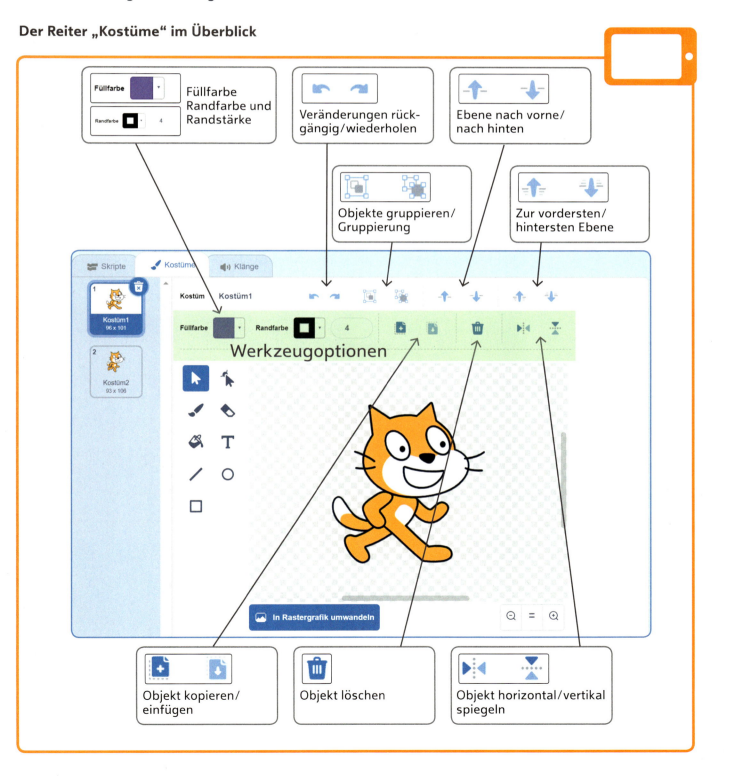

Viele dieser Werkzeuge sind dir bereits aus der **Bildbearbeitung von Vektorgrafiken** bekannt.

Scratch arbeitet als Programmiersprache und Anwendungsprogramm bei seiner Darstellung mit Vektorgrafiken. Deshalb findest du hier ähnliche, teils sogar die gleichen Werkzeuge wie in Bildbearbeitungsprogrammen für Vektorgrafiken in der Programmoberfläche wieder. Auch die Bearbeitungsvorgänge sind gleich oder zumindest sehr ähnlich.

Bei der Bearbeitung von Kostümen kannst du nun deine in Kapitel 1 erworbenen Kompetenzen anwenden. Für genaue Beschreibungen und Beispiele zur Anwendung kannst du dort nochmals nachschlagen.

Übersicht der Werkzeugfunktionen

Aktion rückgängig machen/wiederholen	
	Mit diesem Werkzeug lassen sich Aktionen, die du gerade ausgeführt hast (z. B. eine Linie mit dem Zeichenwerkzeug erstellen) rückgängig machen oder, nachdem sie rückgängig gemacht wurde, wiederholen.
Objekte in Ebenen anordnen	
	Alle Objekte auf deiner Arbeitsfläche sind auf sogenannten Ebenen angeordnet. Du kannst dir diese Ebenen wie bedruckte Overheadfolien vorstellen, die du übereinanderstapelst. Die Reihenfolge der Ebenen änderst du, indem du auf eines der beiden oberen Pfeilsymbole klickst. Die unteren beiden Symbole (mit den drei Querlinien) schieben das jeweilige Objekt direkt auf die oberste oder unterste Ebene.
Objekte gruppieren	
	Möchtest du mehrere Objekte zu einem einzigen Objekt zusammenfügen, um sie beispielsweise alle gleichzeitig zu verschieben, fasst du sie in einer sogenannten Gruppe zusammen. Diese Gruppe verhält sich wie ein einzelnes Objekt und lässt sich auch genauso bearbeiten.
Objekte spiegeln	
	Durch diesen Befehl lassen sich Objekte an ihrer horizontalen oder vertikalen Achse spiegeln. Ihr Erscheinungsbild wird also „umgedreht".
In Rastergrafik umwandeln	
	Dieser Befehl wandelt die in Scratch standardmäßige Vektorgrafik in eine Pixelgrafik um. Auch die Gegenrichtung, die Wandlung einer Pixel- in eine Vektorgrafik, ist möglich.

Werkzeuge zur Objektbearbeitung

4. Situation: Grafiken in Scratch

Im Fensterbereich **„Werkzeugoptionen"** findest du die Möglichkeiten der Bearbeitung, die ein Werkzeug bietet. Diese Auswahl an Optionen ändert sich, wenn du das Werkzeug wechselst.

Auswahlwerkzeug (Mauszeiger)

Dieses Standardwerkzeug dient dazu, Objekte zu markieren, zu verschieben, zu bearbeiten und dazu, entsprechende andere Werkzeuge auszuwählen.

Knotenpunkte bearbeiten

Hiermit bearbeitest du die für Vektorgrafiken typischen Knotenpunkte und veränderst so die Form eines Objekts.
Du kennst dieses Werkzeug bereits aus der Bildbearbeitung. Seine Funktion ist in Scratch die gleiche.

Ausgangszustand der Figur „Cat".	Die Knotenpunkte der Linien können „gezogen" und so die Länge und die Lage der Linie verändert werden.	Durch Ziehen an einem der „Anfasser" an den Knotenpunkten veränderst du die Krümmung der Linie.

Pinsel

Mit dem Pinsel zeichnest du am Rechner mithilfe deines Mauszeigers (oder mit dem Finger auf einem Tablet) Freihandlinien. Diese Linien kannst du anschließend mit dem Werkzeug für Knotenpunkte bearbeiten und ihre Form verändern.

Radiergummi

Der Radiergummi löscht und entfernt alles, was du damit anklickst oder über das du bei gedrückter Maustaste hinwegfährst.

Farbeimer (Füllen)

Der Farbeimer ändert die Füllfarbe eines Objekts durch Anklicken schnell und einfach.

Textwerkzeug

Mit diesem Werkzeug fügst du einem Kostüm Text hinzu. Oben im Bereich der Werkzeugoptionen findest du die Einstellungen für Schriftgröße und Schriftfarbe.

Linie, Kreis und Rechteck erstellen

Mithilfe des jeweiligen Werkzeugs erstellst du Linien, Kreise und Rechtecke. Diese kannst du anschließend mit anderen Werkzeugen (Auswahlwerkzeug, Farbeimer ...) bearbeiten.

1 Öffne ein neues Projekt in Scratch. Wähle die Figur „Cat" aus und wechsle in
den Reiter „Figuren".
a) Verändere die Schnurrhaare der Figur ähnlich wie im Beispiel auf Seite 55 gezeigt.
b) Fülle die orangefarbenen Teile der Figur mit der Farbe Blau. Nutze hierfür
das Farbeimer-Werkzeug.
c) Zeichne der Katze einige Sommersprossen. Nutze hierfür das Pinsel-Werkzeug.

4.2 Mehrere Kostüme verwenden

Jede Figur kann mehrere Kostüme besitzen. Bei den in Scratch enthaltenen Figuren sind dies meist zwei bis drei. Sie sehen sich sehr ähnlich, damit man eine Bewegung darstellen kann.

Bei der Figur „Cat" sind zwei Kostüme hinterlegt. Wechselt man diese beiden Kostüme während einer Vorwärtsbewegung, so sieht es aus, als würde die Figur „laufen".

Die verschiedenen hinterlegten Kostüme einer Figur kannst du dir ansehen, indem du die jeweilige Figur in deinem Programm auswählst und auf den Reiter „Kostüme" klickst. Dort siehst du auf der linken Seite alle hinterlegten Kostüme. Zur Bearbeitung wählst du das entsprechend gewünschte Kostüm aus.

💻 **Webcode**
Videotutorial
Übersicht zu
Kostümen:
WES-116882-005

Figuren im Programmablauf wechseln

Im Programmablauf lassen sich die Kostüme einer Figur beliebig wechseln. Hierzu findest du in der Kategorie „Aussehen" die entsprechenden Programmierbausteine.

Diese kannst du, wie alle anderen Bausteine auch, an jeder beliebigen Programmstelle verwenden und somit das Aussehen deiner Figur im Programmablauf verändern.

Wechsle zu Kostüm	
wechsle zu Kostüm Kostüm2 ▼	Durch diesen Programmierbaustein wechselst du an der entsprechenden Programmstelle zu einem Kostüm der jeweiligen Figur und wählst ein bestimmtes Kostüm der Figur aus.
Nächstes Kostüm	
wechsle zum nächsten Kostüm	Mit diesem Programmierbaustein erfolgt ein Wechsel zum nächsten in der in der Liste vorhandenen Kostüm.

1 Öffne ein neues Projekt in Scratch. Wähle anschließend die Figur „Cat" aus. Erstelle einen Programmcode, in dem die Figur schrittweise vom linken bis zum rechten Bühnenrand nach vorne geht. Wechsle nach jedem Schritt der Figur das Kostüm, sodass der Eindruck einer „laufenden" Figur entsteht.

4. Situation: Grafiken in Scratch

4.3 Eigene Bilddateien einbinden

Scratch bietet dir viele integrierte Figuren und Bühnenbilder. Darüber hinaus kannst du auch **eigene Bilddateien** einbinden. Hierzu kannst du **verschiedene Dateiformate** verwenden.

Von Scratch unterstützte Grafikformate	
.svg	Vektorgrafikdatei
.png	Raster-/Pixelgrafikdatei
.jpg/.jpeg	
.sprite2/.sprite3	Figurdatei
.gif	„Animierte" Grafikdatei

Da Scratch intern mit Vektorgrafiken arbeitet, solltest du dieses Grafikformat verwenden. So kannst du die Einzelteile der eingefügten Figur über den Kostümeditor genau wie in einer Bildbearbeitungssoftware verändern. Dies erleichtert das Erstellen weiterer Kostüme.

Beim Einfügen von Raster-/Pixelgrafiken ist diese Vorgehensweise nicht möglich. Wenn du dieses Grafikformat verwendest, musst du das Bild, bevor du es in Scratch einfügst, mit einem passenden Bildbearbeitungsprogramm bearbeiten. Per Bildbearbeitung solltest du also jedes deiner Kostüme bereits im Vorhinein nach deinen Wünschen verändern. Transparenzen, die in Rastergrafiken vorhanden sind, bleiben in Scratch erhalten.

 Webcode
Videotutorial
Einfügen von Bilddateien:
WES-116882-006

4.4 Für Experten: Mein persönlicher Avatar

Da uns Scratch die Möglichkeit bietet, eigene Grafiken einzufügen und diese zu bearbeiten, kannst du dir deine eigene Figur, **deinen persönlichen, individuellen Avatar,** erstellen. Als Beispiel hierfür integrieren wir nun in Scratch eine mit einem Vektorgrafikprogramm erzeugte Grafik. Dann erstellen wir in Scratch mehrere Kostüme für diese Figur.

Vektorgrafik erstellen
Als Bildbearbeitungssoftware kannst du beispielsweise die Freeware Inkscape (siehe Seiten 28–31) verwenden. Den Bildschirm von Inkscape siehst du unten abgebildet.

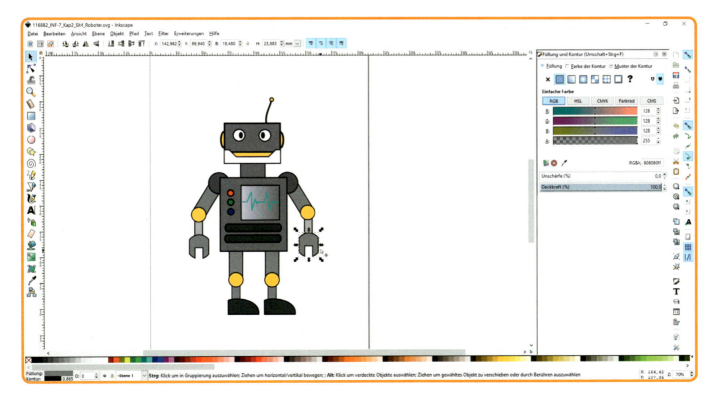

💻 **Webcode**

Videotutorial und Vorlagedatei zum Beispielavatar:
WES-116882-007

Für die Erstellung deines Avatars benötigst du nun deine **Grundkenntnisse zur Bildbearbeitung und Erstellung von Vektorgrafiken** aus Kapitel 1.

Überlege dir **vorab**, wie deine Figur aussehen soll, und erstelle dazu am besten eine **kleine Skizze**. In unserem Beispiel ist dies ein kleiner Roboter, dessen Vorlagedatei du auch online über den Webcode abrufen kannst.

Wenn du dir darüber klar bist, wie deine Figur aussehen soll, fügst du in deiner Bildbearbeitungssoftware Schritt für Schritt die entsprechenden Formen ein. Diese bearbeitest du dann gemäß deinen Wünschen in Form, Größe und Farbe.

Achte darauf, welche Objekte du in eine Gruppe zusammenfasst! Gruppen werden von Scratch übernommen. Sie können das spätere Erstellen mehrerer Kostüme erschweren oder erleichtern. In unserem Beispiel bietet es sich hier an, die **Objekte** des Kopfes und die des Körpers **als je eine Gruppe zusammenzufassen**. So können sie als „Einheit" in Scratch behandelt werden, während die Arme und Beine frei beweglich bleiben.

Du fügst deine Figur anschließend in Scratch ein, indem du im **Figurenbereich** unten links im Programmfenster die **Option „Figur hochladen"** auswählst. Es öffnet sich ein Auswahlfenster, in dem du die entsprechende Datei auf deinem Rechner heraussuchen und auswählen kannst.

Wenn du dann den Reiter „Kostüme" anwählst, sieht dein Programmfenster so aus:

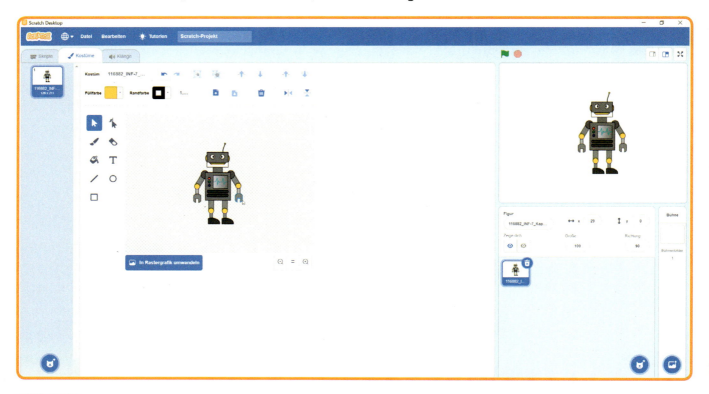

Tipp

Sollte deine Figur in Scratch nicht sofort nach dem Einfügen sichtbar sein: keine Panik! Manchmal stellt Scratch die Figur nicht direkt dar. Das lässt sich beheben, indem du im Reiter „Kostüme" ein Objekt deiner Figur anklickst und es kurz verschiebst. Über die „Rückgängig"-Funktion stellst du die Ausgangsposition wieder her. Anschließend sollte deine Figur auf der Bühne sichtbar sein.

4. Situation: Grafiken in Scratch

Mehrere Kostüme für den Avatar erstellen

Wir wollen unseren Avatar jetzt etwas lebendiger gestalten. Dazu statten wir ihn mit mehreren Kostümen aus. Wir erstellen zwei Kostüme, mit denen der Avatar in der Lage sein wird, mit seinem linken Arm zu winken. Diese Kostüme integrieren wir anschließend in ein kurzes Testprogramm.

In der Abbildung siehst du, womit die einzelnen Objekte durch die Werkzeuge im Reiter „Kostüme" bearbeitet werden können. Jedes Objekt lässt sich hier genau wie mit einem Bildbearbeitungsprogramm verändern.

In unserem Fall soll der Arm des Avatars nach oben zeigen. Dazu drehen wir die Objekte des Arms nach oben und ordnen sie neu an. In der Abbildung erkennst du, wie gerade die Hand positioniert wird.

Nachdem die erste Position des winkenden Arms fertig ist, erstellen wir nun noch das zweite Kostüm mit der zweiten Armposition. Am einfachsten geht dies, wenn du das bereits erstellte Kostüm duplizierst. Dazu klickst du mit der rechten Maustaste auf das bereits erstellte Kostüm und wählst „Duplizieren" aus. Im zweiten, nun erscheinenden Kostüm passt du dann die Position des Arms an.

> **Tipp**
> Denke stets an eine passende Benennung deiner Kostüme. So behältst du beim Erstellen deines Programmablaufs den Überblick.

In unserem Beispiel verwenden wir die Namen „Winken1" und „Winken2".

Wir lassen den Roboter winken

Nachdem unsere Figur erstellt ist und die verschiedenen Kostüme angelegt sind, wollen wir den Roboter nun winken lassen. Hierzu kannst du den rechts dargestellten Programmcode übernehmen und einen Testlauf starten. Der Roboter sollte nun mit seinem Arm hin- und herwinken.

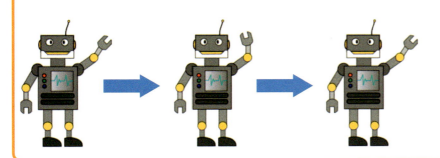

---

1 Unser Roboter soll lernen zu laufen.
   a) Überlege zuerst, wie die Beine des Roboters in zwei verschiedenen Kostümen angeordnet werden müssen, um eine Laufbewegung darzustellen.
   b) Erstelle beide Kostüme über die Funktion „Duplizieren" und speichere sie mit geeigneten Namen ab.
   c) Erstelle ein kurzes Programm, in dem der Roboter nach vorne läuft und die Kostüme wechselt.

4.5 Für Experten: Eigene Bühnenbilder in Scratch einbinden

In den vergangenen Schuljahren hast du beim Navigieren mit „Cat" in einer Stadt und beim Programmieren eines Staubsaugerroboters schon mit einem „externen" Bühnenbild gearbeitet. In diesen beiden Fällen war das Bühnenbild bereits in die Vorlagedatei integriert.

Du kannst auch eigene Bühnenbilder in Scratch einfügen. Das funktioniert über die Option **„Bühnenbild hochladen"** im Menü der Bühnenbilder, im Programmfenster links unten.

Klickst du auf diese Option, so öffnet sich ein neues Auswahlfenster, in dem du zum Speicherort deiner Bilddatei browsen und die gewünschte Bilddatei auswählen kannst.

Auch das Einbinden von **Fotos,** die du **mit der Kamera** deines Smartphones oder Tablets aufgenommen hast, ist möglich. Dazu wählst du das aktuelle Bühnenbild aus und findest anschließend in deinem Programmfenster unten links die Option „Kamera".

🖥 **Webcode**
Videotutorial und Beispielfotos zum Tutorial:
WES-116882-008

Möchtest du die bestmögliche Bildqualität in Scratch erhalten, so sollte die Auflösung deiner Datei der des Bühnenfensters im Programm (horizontal 960 Pixel, vertikal 720 Pixel) entsprechen. Dies kannst du in der Regel über die Exportfunktion in deinem Bildbearbeitungsprogramm einstellen.

Hat deine Hintergrundgrafik eine andere Auflösung, so passt Scratch die Grafik automatisch an. Allerdings kann dein Bild dadurch etwas unscharf oder verpixelt werden. Passt das Bildformat in der Höhe oder der Breite nicht, entstehen an den Bühnenrändern weiße Balken.

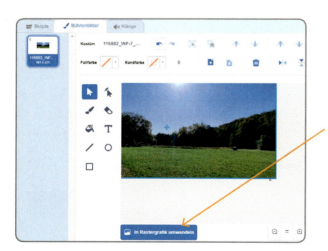

Um dein eingefügtes Foto anzupassen, verwendest du den Reiter „Bühnenbilder". Dieser wird dir angezeigt, nachdem du unten links ein Bühnenbild ausgewählt hast.

Wandelst du das Foto über den Button „In Rastergrafik umwandeln" um, kannst du es vergrößern, verkleinern oder verschieben und so nach deinen Wünschen positionieren und anpassen. Dies funktioniert im Grunde genauso, wie du es bereits bei den Figuren gemacht hast.

1 Da ein weißer Hintergrund sehr trist wirkt, wollen wir unseren Roboter nun auf eine sonnige Wandertour schicken.
   a) Lade die Bildvorlage über den Webcode auf deinen Rechner herunter.
   b) Füge die Bildvorlage als neues Bühnenbild in das Programm aus Situation 4 ein. Passe es so an, dass es formatfüllend dargestellt wird (siehe Abbildung rechts).
   c) Erstelle ein Programm, in dem der Roboter den Weg hinabläuft.

5. Situation: Programme selbst planen und schreiben

5.1 Planungsvorlage

Du kennst mittlerweile viele Programmierbausteine. Du hast bereits festgestellt, dass man mit den Bausteinen unterschiedliche Abläufe der Programme bewirken kann. Vielleicht hast du dir dabei auch schon einmal gedacht: „Puh, jetzt wird es langsam kompliziert!" Das ist normal und geht allen so. Je mehr du probierst und neue Bausteine einsetzt, desto unübersichtlicher wird es tatsächlich.

Genau aus diesem Grund arbeiten Programmierer mit Programmablaufplänen (PAPs), die du ja schon kennst. Sie planen so ihr gewünschtes Programm vor der Programmierung durch.

Werden die Programme anspruchsvoller, bietet sich die Erstellung einer **Planungsvorlage** an. Diese **erleichtert später das Programmieren** und könnte so aussehen:

Bühne, Figuren und Variablen	Welche **Bühne, Figuren und Variablen** brauche ich? Nummeriere diese durch, z. B.: 1: Scratch, 2: …
Attribute/Werte	Welche **Attribute** (Eigenschaften) und **Werte** gelten für die jeweiligen Objekte?
Methoden	Welche **Methoden** gelten für die jeweiligen Objekte?
Ablauf/Ereignisse/Sequenzen	Skizziere kurz mit eigenen Worten den **Ablauf.** • Welche **Ereignisse** kommen vor? • Wie soll das jeweilige Objekt darauf reagieren? • Auf welche **Sequenzen** im Gesamtablauf muss ich besonders **achten**?
Programmablaufplan	Stelle einzelne **Sequenzen** in einem **Programmablaufplan** dar. (Siehe unten, Situation 5.2 Eine Planungsvorlage modellieren.)

Der Vorteil eines solchen Plans ist auch, dass du während des Programmierens die einzelnen Punkte darin abhaken kannst. So kannst du am Ende schnell **überprüfen, ob du etwas vergessen hast,** ähnlich wie bei einem schriftlichen Test in der Schule.

> **Tipp**
>
> **In eine Planungsvorlage kannst du alle nötigen Informationen für ein geplantes Programm eintragen. Mit der Planungsvorlage fällt dir später das Programmieren leichter, du hast stets den Überblick und du wirst nicht Gefahr laufen, etwas zu vergessen.**

5.2 Eine Planungsvorlage modellieren

Probieren wir es doch einmal aus. Später hast du sicherlich deine eigenen Programmideen. Zum Vorführen und Durchprobieren bekommst du hier den Vorschlag „Geschenke einsammeln".

Programmidee: Geschenke einsammeln
Grundidee und Planungsvorlage
Die Grundidee des Programms lautet: „In diesem Programm soll mein Avatar (hier: „Fliegende Fee") Geburtstagsgeschenke erhalten und in sein Zimmer

gelegt haben. Nun möchte er die Geburtstagsgeschenke wieder einsammeln, wobei mein Avatar von mir selbst mithilfe der Pfeiltasten gesteuert werden soll."

Zur ausführlicheren Formulierung ist jetzt unsere Planungsvorlage da. Die einzelnen Inhalte der Planungsvorlage zu dieser Programmidee könnten wie unten in den grauen Kästchen dargestellt aussehen.

> **Info**
>
> Das möglichst einfache Darstellen einer Programmidee, z. B. als **Planungsvorlage und Programmablaufplan,** nennt man Modellieren.

Mein Avatar: selbst erstellt, Größe zum Zimmer passend, Position links unten, sichtbar, Richtung: 90
Geschenk: Farben (rot, blau, grün, gelb), Größe – recht klein, Positionen – an verschiedenen Stellen im Zimmer, sichtbar
Variable: Name – „gefundene Geschenke", Position – links oben, sichtbar, Anfangswert „0"

1. Bühne „Bedroom" (2 oder 3)
2. Mein Avatar
3. 4 x Geschenk
4. Variable Zähler

Der Avatar erzählt eine kurze Geschichte.

Der Avatar kann mit den Pfeiltasten durch das Zimmer gesteuert werden. Wenn er dabei ein Geschenk berührt, wird er für einen kurzen Augenblick sehr groß und verschwindet danach.

Der Zähler (Variable) zählt die eingesammelten Geschenke.

Mein Avatar: läuft mit den Pfeiltasten in alle vier Richtungen
Geschenke: werden bei Berührung durch den Avatar für eine Sekunde groß und danach unsichtbar

Variable: zählt bei jedem gefundenen Geschenk um 1 hoch

Wenn du diese Teile der Planungsvorlage durchliest, erkennst du sicherlich sehr schnell, zu welchem Punkt der jeweilige Vorschlag gehört.

1 Ordne die vier Vorschläge den jeweiligen Teilen der Planungsvorlage zu.

2 Öffne die Programmieroberfläche „Scratch" und füge die Bühne, Figuren und Variable gemäß der Planungsvorlage ein.

3 Ändere die Attribute gemäß der Planungsvorlage. Speichere dein Programm ab.

4 Nenne Attribute und Methoden, die dir einfallen und die noch nicht in der oben abgebildeten Planungsvorlage stehen.

5. Situation: Programme selbst planen und schreiben

PAP und Programmierung des Avatars
Nun könnte deine Bühne in etwa wie rechts abgebildet aussehen:

Was uns jetzt noch zur gezielten Programmierung fehlt, ist ein Programmablaufplan, in dem die einzelnen Abläufe, Ereignisse und Sequenzen enthalten sind.
Wie du einen PAP erstellst, hast du bereits gelernt. Bei anspruchsvolleren Programmen muss nicht nur ein einziger, sondern für jeden Programmablauf ein eigener PAP erstellt werden.
Beginnen wir mit dem PAP für die Steuerung deines Avatars.

1. Beschreibe, um welchen Teil der Steuerung es sich bei dem rechts abgebildeten PAP handelt.

2. Der PAP berücksichtigt zusätzlich noch etwas. Erläutere mit eigenen Worten, was programmiert werden soll.

3. Öffne die Programmieroberfläche „Scratch" und lade dein zuvor abgespeichertes Programm.
Programmiere diesen PAP in dein Programm mit ein.
Erweitere deine Programmierung so, dass dein Avatar in alle vier Richtungen laufen kann.

4. Speichere dein Programm ab.

 Dieser Befehl taucht nirgendwo im PAP auf. Er bewirkt jedoch etwas sehr Wichtiges.

5. Ergänze deine Programmierung um diesen Baustein.

6. Erkläre mit eigenen Worten, was der Baustein bewirkt.

Tipp
Duplizieren der Bausteine spart Arbeit.

Jetzt bewegt sich dein Avatar bereits in alle vier Richtungen. Du kannst seine Bewegung noch realitätsnäher gestalten. Wie du weißt, werden Objekte, die sich von uns wegbewegen, kleiner und Objekte, die auf uns zukommen, größer. Also würde es besser aussehen, wenn dein Avatar beim Laufen bzw. Fliegen in das Zimmer hinein (also nach oben) kleiner werden würde und umgedreht.
Die Vergrößerung bzw. Verkleinerung lässt sich mit einem einzigen Baustein in Scratch einfach realisieren.

7. Suche diesen Baustein und beschreibe, was darauf geschrieben steht.

8. Erläutere, bei welchen beiden Programmabläufen der Baustein eingefügt werden muss.

9. Gib die Stelle des PAPs an, an der du den Baustein hinzufügen würdest.

10. Füge den Baustein deiner Programmierung hinzu und teste aus, welcher Wert für die einzufügende Variable geeignet ist.

So – nun hast du doch alles erledigt, oder? Vielleicht stellst du dir jetzt wie viele Programmierer die Frage: *„Was muss ich noch zusätzlich programmieren?"*

Zum Glück haben wir unsere Planungsvorlage, auf der festgehalten ist:
- Der Avatar soll beim Start links unten stehen.
- Er soll zu Beginn eine kleine Geschichte erzählen.
- Der Wert der Variablen soll zu Beginn auf „0" gesetzt werden.
- Die Größe des Avatars soll beim Start zum Zimmer passen.

11 Füge die fünf dafür notwendigen Bausteine in die Programmierung für deinen Avatar ein.

Programmierung des Geschenkesammelns
Nun kannst du dich an die kompliziertere Programmierung für das Einsammeln der Geschenke wagen. Jetzt stehst du als Programmierer vor einer wichtigen Entscheidung:
- **Programmiere ich meinen Avatar** (wird ein Geschenk berührt, dann ...) oder
- **programmiere ich die Geschenke** (wird der Avatar berührt, dann ...)?

Diese Art von Entscheidung wird dir beim Programmieren oft begegnen. Es ist wichtig, sich vor der Programmierung Gedanken darüber zu machen. Eine kurze Analyse erleichtert die Programmierung, trägt zur Übersicht und Schnelligkeit im Programmieren bei.

> **Tipp**
> Sieh dir alle beteiligten Objekte an, bevor du für dich festlegst, welches Objekt du programmierst, um einen gewünschten Programmablauf zu erreichen. Überlege dir für jedes an dem Programmablauf beteiligte Objekt, wie dafür eine Programmierung aussehen könnte.

In unserem Beispiel entscheiden wir uns dafür, die **Geschenke zu programmieren.**

Warum entscheiden wir uns für die Programmierung der Geschenke? Bei näherem Hinsehen wird schnell deutlich, dass zur Programmierung aller Geschenke nur ein einziges Geschenk programmiert werden muss. Dessen Programmierung kann dann auf alle anderen Geschenke kopiert werden. Es ist also jeweils nur **eine Abfrage** nötig, ob der Avatar berührt wird.

Würdest du den Avatar programmieren, so müsstest du in einer Schleife vier Abfragen einprogrammieren, in denen jedes Geschenk einzeln abgefragt wird. Schon der Gedanke klingt kompliziert, nicht wahr? Du kannst es in ein paar ruhigen Minuten gerne mal ausprobieren. Es funktioniert ebenfalls, ist jedoch komplizierter.

5. Situation: Programme selbst planen und schreiben

Also konzentrieren wir uns zunächst auf die Programmierung eines einzigen Geschenks. Als kleine Programmierhilfe erhältst du den PAP für diese Sequenz:

Nun bist du an der Reihe.

1. Öffne die Programmieroberfläche „Scratch" und lade dein zuvor abgespeichertes Programm.
2. Programmiere diesen PAP in dein Programm mit ein. Bedenke, dass der PAP für die Figur „Gift" (englisch für „Geschenk") geschrieben ist.
3. Teste dein Programm. Falls nötig, schau dir die Bausteine unten auf dieser Seite an. Mehr Bausteine benötigst du nicht.
4. Erweitere deine Programmierung, indem du diesen PAP auch auf die anderen Geschenke anwendest.
5. Speichere dein Programm ab.

PAP für ein Geschenk

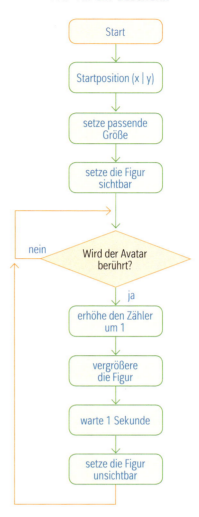

Tipp
Du kopierst ganze Sequenzen auf andere Objekte, indem du den obersten Baustein mit der linken Maustaste anklickst, gedrückt hältst und auf das gewünschte Objekt ziehst.

Diese Bausteine benötigst du:

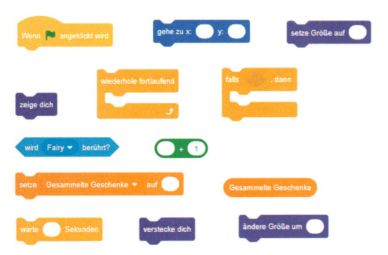

Du hast es geschafft! Das Programm steht und erfüllt alle Kriterien, die in der Planungsvorlage stehen. Nun kannst du an dem Programm noch ein wenig „herumspielen". Mögliche Erweiterungen sind:

6. Programmiere deinen Avatar so, dass er nach dem Einsammeln aller vier Geschenke „Hurra!" sagt.
7. Erstelle eine neue Variable „noch fehlende Geschenke". Diese soll auf der Bühne zu sehen sein, den Anfangswert „4" haben und bei jedem gefundenen Geschenk um eins nach unten zählen.

5.3 Programmideen umsetzen

Hier findest du einige Programmideen zum Modellieren und Umsetzen.

1. Digitale Scratch-Uhr

Das Ziel ist, mit Scratch die links abgebildete Digitaluhr zu programmieren. Sie besteht aus einem Hintergrundobjekt (graues Oval „Button3"), einem blauen Schalter („Button2") und drei Variablen.
Die Uhr soll nach Anklicken des blauen Schalters stets die aktuelle Uhrzeit zeigen.

So gehst du vor:
1. Erstelle für dieses Programm eine Planungsvorlage.
2. Skizziere für das Objekt „Button2" einen PAP.
3. Programmiere die Programmidee in Scratch.

Hinweis: In Scratch gibt es einen Baustein, der als Variable das aktuelle  Jahr, Monat, Stunde, Minute etc. beinhaltet. Du siehst ihn rechts abgebildet. Von diesem Baustein lässt sich der aktuelle Wert sehr einfach an deine Variablen übergeben.

> **Tipp**
> Damit deine Uhr immer die aktuelle Zeit anzeigt, muss der aktuelle Wert der Variablen „fortlaufend wiederholt" abgefragt werden.

> **Info**
> Das Aussehen der Variablen veränderst du durch Anklicken mit der rechten Maustaste.

2. Pong-Spiel

Das Pong-Spiel erschien 1972 und wurde bald zu einem echten Klassiker.

Die Bedingungen für das Pong-Spiel sind:
- Der Ball startet in der Mitte. Er bewegt sich in eine Richtung, bis er entweder vom oberen oder unteren Rand abprallt oder einen Schläger berührt.
- Wenn der Ball einen Schläger berührt, ändert sich seine Richtung.
- Wenn der Ball auf der linken oder der rechten Seite am Schläger eines Spielers vorbeigelangt, erhält der andere Spieler einen Punkt.

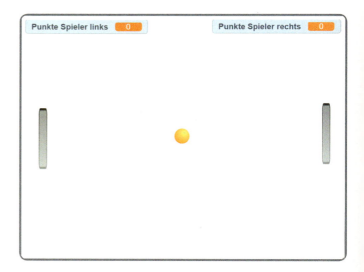

So gehst du vor:
1. Erstelle eine Planungsvorlage.
2. Finde unter den in Scratch verfügbaren Figuren passende Objekte, die du in dem Programm verwenden kannst (siehe Abbildung rechts). Füge diese Figuren hinzu und bearbeite sie so, wie du sie gerne in deinem Programm haben möchtest.
3. Erstelle die nötigen Variablen und platziere sie auf deiner Bühne. Die Bühne sollte nun in etwa so aussehen wie in der Vorlage.

5. Situation: Programme selbst planen und schreiben

4. Überlege dir eine mögliche Steuerung für einen Schläger, der mit den Pfeiltasten nach oben und unten verschoben werden kann. Skizziere hierfür einen PAP.
5. Erstelle für den linken Spieler eine Steuerung in Scratch.

6. Der rechte Spieler soll mit der Computermaus gesteuert  werden. Programmiere den rechten Schläger. Der rechts abgebildete Befehl hilft dir.

 Nun muss nur noch der **Ball** programmiert werden. Das ist der schwierigste Teil der Aufgabe. Wir gehen deshalb bei diesem Programmteil Schritt für Schritt vor. Die Planungsvorlage ist dabei sehr hilfreich.

Unter „Methoden" hast du dir ja bereits notiert, welche Eigenschaften dein Ball haben soll.

So gehst du vor:
Zunächst soll der Ball beim Start (Klicken der grünen Fahne) an seine Startposition in der Mitte der Bühne gehen (Koordinaten: x=0; y=0) und eine bestimmte Richtung einschlagen.

1. Programmiere die drei Bausteine, die du dafür benötigst.

Jetzt soll sich der Ball bewegen. Da bei jedem Bewegungsschritt später abgefragt werden muss, ob der Ball den Rand oder einen Schläger berührt, baust du hier eine „Schleife" („wiederhole fortlaufend") ein.

2. Füge den Baustein für eine Dauerschleife hinzu. Bei jedem Durchgang soll der Ball einen 10er-Schritt machen.

Wenn der Ball auf den **oberen oder den unteren Rand** trifft, soll er abprallen. Auch dafür findest du einen Befehl in Scratch. Teste dein Programm zwischendurch schon einmal. Jetzt sollte der Ball sich ständig von links nach rechts und umgekehrt bewegen.

Nun kommen die Schläger ins Spiel. Du benötigst in der Dauerschleife eine Abfrage, ob der eine (später auch der andere) Schläger berührt wird. Falls das geschieht, soll der Ball in eine andere Richtung abprallen.

3. Programmiere diese Abfrage in dein Programm hinein. Der oben abgebildete PAP hilft dir dabei. Der PAP ist für beide Schläger gültig. Jedoch muss bei der Abfrage im Programm der jeweilige Schläger ausgewählt werden.

Wenn der Ball immer nur waagrecht von links nach rechts und umgekehrt saust, wird das Spiel schnell langweilig. Daher wählst du eine zufällige Abprallrichtung aus. Dabei hilft dir dieser Baustein:

4. Programmiere zusätzlich in die Schleife die gleiche Abfrage für den anderen Schläger ein. Teste dein Programm und speichere es ab.

> **Info**
> 10 bis 170 Grad bedeutet, dass die Flugrichtung des Balls nach rechts gerichtet ist.
> Theoretisch wären 1 bis 180 Grad möglich, was jedoch sehr steil ist.
> -10 bis -170 Grad bewirkt das Gleiche, nur in die andere Richtung.

Jetzt funktioniert auch das „Zurückschlagen" mit dem Schläger. Der Ball prallt jedoch noch an der linken und rechten Rückseite ab und es werden keine Punkte vergeben. Die **Punktevergabe** ist der nächste Programmierschritt.

Wenn der Ball am Schläger vorbeigelangt und den linken bzw. rechten Rand berührt, hat der Spieler den Ball verfehlt.
„Am Schläger vorbei" bedeutet für den linken Schläger, dass die x-Position des Balls (also der Wert der x-Variable) kleiner ist als die x-Position des Schlägers. Beim rechten Schläger ist es genau umgekehrt. Dort ist die x-Position des Balls größer als die x-Position des Schlägers.

So gehst du vor:
Beim **linken Schläger** hilft dir die rechts abgebildete Baustein-Kombination.

1. Programmiere diese Bausteine mit ein. Beim Wert musst du etwas herumprobieren. Er ist unter anderem auch davon abhängig, wie groß dein Ball ist und wo genau deine Schläger stehen.
2. Programmiere weiter: Falls auf die oben beschriebene Art ein Punkt erzielt wird, dann soll der Punktezähler des jeweiligen Spielers eins nach oben zählen.
3. Programmiere diese Abfrage und die Variablenänderung auch für den anderen Spieler mit ein.
4. Programmiere zum Abschluss noch ein, dass die Punktezähler beim Anklicken der grünen Fahne auf „0" gesetzt werden.

Fertig ist dein Multiplayer-Pong-Spiel! Herzlichen Glückwunsch! Suche dir eine Partnerin/einen Partner und spielt eine Runde. Gewinnt der Spieler mit der Maussteuerung eigentlich immer?

3. Eigene Ideen umsetzen
Jetzt kannst du selbst nach deinen Vorstellungen weiterprogrammieren. Du könntest z. B. ...
- das Pong-Spiel so umprogrammieren, dass der linke Schläger vom Computer gesteuert wird (Tipp: y-Koordinate des Schlägers ist gleich der y-Koordinate des Balls).
- das Spiel (nach jedem Treffer mit dem Schläger) schwieriger werden lassen. Tipp: Bei „gehe 10er Schritt" anstelle der „10" eine Variable einsetzen, die bei jedem Schlägertreffer ihren Wert erhöht.

Oder setze selbst eine Idee für ein Programm um, die dir interessant erscheint.

> **Tipp**
> Traue dich ruhig, denn du weißt jetzt, wie es geht:
> **Planen – Modellieren – Programmieren!**

6. Situation: Fehlersuche in Programmen

6.1 Fehler vermeiden

Gerade beim Programmieren haben kleine Fehler oft große Auswirkungen, wie du in folgendem Zeitungsartikel erfährst:

> Die besten Fehler sind die, die ich erst gar nicht mache.

Massenrückruf von unkontrollierbaren Autos

Weltweit knapp eine Million Autos musste ein japanischer Autohersteller zurückrufen. Ursachen waren unter anderem elektrische Fensterheber, die zu einem Brand führen konnten. Darüber hinaus rollten 26 000 Fahrzeuge durch einen Programmierfehler im Motormanagement wie von Geisterhand selbsttätig vor und zurück, sobald der Fahrer den Motor abwürgte. In Deutschland waren von diesem Fehler knapp 2 400 Autos betroffen. An der Börse in Tokio brach die Aktie des Herstellers um fast fünf Prozent ein.

Wenn du im Internet nach „Programmierfehler" suchst, findest du viele solcher Berichte. Unternehmen, denen so ein Fehler unterläuft, können viel Geld verlieren. Deshalb gilt für sie, genauso wie auch für uns, Fehler möglichst von Anfang an zu vermeiden.

Tipps zur Fehlervermeidung beim Programmieren

- **Setze deine Sequenzen mit den zusammengehörenden Bausteinen sauber nebeneinander in den Skriptbereich.**
  Manchmal stehen in Scratch noch fehlerhafte Sequenzen im Skriptbereich an Stellen, an denen man sie in der aktuellen Ansicht nicht sieht. Diese „Schnipsel" können dann ungewünschte Ereignisse hervorrufen.

  🖥 Webcode
  WES-116882-009

- **Sortiere die Skripte nach ihrer Funktion.**
  Wenn du z. B. eine Steuerung für ein Objekt mit den Pfeiltasten programmiert hast, dann setze diese vier Sequenzen eng zusammen. So erkennst du gleich, dass diese Programmierteile etwas miteinander zu tun haben.

- **Schreibe Kommentare.**
  Läuft bei einem Programm irgendetwas schief, ahnt der Programmierer zwar oft, woran es liegen könnte. Es ist jedoch gar nicht so leicht, die dafür verantwortliche Sequenz zu finden. Bei der Suche helfen kleine Kommentare, die du bereits beim Erstellen der Sequenzen dazuschreiben kannst. Kommentare erstellst du mit einem Rechtsklick in den Skriptbereich.

- **Vorsicht beim Kopieren von Sequenzen!**
  Kopieren spart oft Zeit. Jedoch kann es sein, dass Fehler eingebaut werden: falsche Variablen, Werte, Objekte etc.

  🖥 Webcode
  WES-116882-010

Variablen und deren Werte überprüfen

Wenn du in Scratch mit Variablen programmierst, dann stehen nur die Namen der Variablen in deinem Skriptbereich. Du kennst jedoch wahrscheinlich deren aktuelle Werte nicht. Die folgende kleine Sequenz kann dich unterstützen:

🖥 **Webcode**
WES-116882-011

Stoppe dein Programm an einer Stelle und überprüfe den jeweils aktuellen Wert von Variablen einfach durch Drücken einer bestimmten Taste.

Programme testen

Du hast sicherlich bemerkt, dass deine Programme immer umfangreicher werden. Dabei wirken sich kleine einprogrammierte Sequenzen (z. B. „sende Nachricht1") oft auf mehrere Sequenzen anderer Figuren aus. Es wird also immer komplexer, solche Programmierungen zu testen. Sicherlich ist ein Weg, deine „Gesamtprogrammierung" zu überprüfen, indem du immer wieder auszuprobierst, bis alles so läuft, wie du es dir vorgestellt hast. Das kann sehr mühselig und zeitaufwendig sein.

🖥 **Webcode**
WES-116882-012

Deswegen solltest du sehr lange Sequenzen nach Möglichkeit in kleinere Sequenzen aufteilen, die du einzeln ablaufen und testen kannst.

6.2 Häufige Fehler

Division durch 0

Wenn du z. B. ein Programm schreibst, in dem deine Figur eine Zahl durch eine andere teilen soll, dann könnte deine Programmsequenz so aussehen:
Diese Sequenz erzeugt einen Fehler, wenn der Anwender für „Zahl2" den Wert „0" eingibt.
(In der Mathematik ist es verboten, durch 0 zu teilen!)

Falsche Reihenfolge der Befehlsbausteine

Werden Befehlsbausteine in der falschen Reihenfolge gesetzt, treten immer wieder Probleme auf. Wenn z. B. eine Figur über die Bühne gleiten soll, dann macht es Sinn, diese Figur auch in die Gleitrichtung „schauen" zu lassen.
Wenn Scratch im links abgebildeten Beispiel beim Programmstart nach rechts „schaut", dann gleitet er erst und dreht sich danach um.
Dieser Programmfehler ist meist schnell zu erkennen und leicht zu beheben.

Zeitliche Abstimmung der Figuren

Ein häufig auftretendes Problem entsteht, wenn mehrere Figuren etwas nacheinander/zu bestimmten Zeiten machen sollen. Wenn sich beispielsweise zwei Figuren „unterhalten" und beide Figuren sind mit dem Startbefehl „Wenn grüne Fahne angeklickt wird" programmiert, dann sprechen sie zwangsläufig gleichzeitig.
Wenn dir ein solcher Fehler in deinem Programm auffällt, können dir diese Bausteine helfen:

6. Situation: Fehlersuche in Programmen

6.3 Finde den Fehler!

Jetzt kannst du testen, ob du Fehler in einer Programmierung erkennst. Lade dir über die Webcodes die jeweilige Scratch-Programmierung und mache dich in der Programmierung auf die Fehlersuche.

> **Bist du ein Codeknacker?**
>
> - **Finde den Fehler 1**
>   In diesem Programm soll Scratch eine Zahl durch eine andere Zahl dividieren. Nachdem die zweite Zahl eingegeben ist, sagt Scratch anstelle des Ergebnisses den Ausdruck „Infinity".
>
>   💻 Webcode
>   WES-116882-013
>
> - **Finde den Fehler 2**
>   In diesem Programm soll Scratch zwei Zahlen zusammenzählen. Das Ergebnis scheint jedoch jedes Mal seltsam.
>
>   💻 Webcode
>   WES-116882-014
>
> - **Finde den Fehler 3**
>   In diesem Programm sprechen Abby und Avery miteinander. Zuerst fragt Avery und Abby soll darauf antworten. Finde heraus, warum Abby keine Antwort gibt.
>
>   💻 Webcode
>   WES-116882-015
>
> - **Finde den Fehler 4**
>   Die Situation ist die gleiche wie im Fehlerprogramm 3, jedoch mit der Erweiterung, dass Abby nach dem Gespräch zur Tür laufen soll. Stimmt die Programmierung oder versteckt sich ein Fehler?
>
>   💻 Webcode
>   WES-116882-016
>
> -
>
>   **Finde den Fehler 5**
>   Scratch soll ein Bild aus Dreiecken malen. Dazu wurde die unten abgebildete Sequenz programmiert. Leider entsteht beim Anklicken der grünen Fahne nicht das gewünschte Bild. Gelingt es dir, nur durch Betrachten der Sequenz den Fehler zu erkennen?
>
>   💻 Webcode
>   WES-116882-017
>
> - **Finde den Fehler 6**
>   Dieser Fehler kommt häufig vor: Deine Figur soll einfach von links nach rechts (und umgekehrt) laufen. Wenn sie den Rand berührt, soll sie in die andere Richtung weiterlaufen.
>   Jedoch steht die Figur in der Standardprogrammierung (siehe die rechts unten abgebildete Sequenz) beim Laufen nach links auf dem Kopf. Erläutere eine Korrektur für diesen Fehler.
>
>   💻 Webcode
>   WES-116882-018
>
>
>
> - ❌ **Finde den Fehler 7: für Profis**
>   *(Lautsprecher oder Headset nötig)*
>   Hier wurde ein komplettes Tier-Strandorchester programmiert. (Falls du noch nie mit der Erweiterung „Musik" gearbeitet hast, schau dir die Bausteine an. Sie sind sehr einfach aufgebaut.) Leider geben einige Tiere trotz Programmierung keine Töne von sich. Manche Tiere sehen, nachdem sie Musik gemacht haben, anders aus. Das ist nicht gewünscht. Schaffst du es, diese Fehler bei allen Tieren „wegzuprogrammieren"?
>
>   💻 Webcode
>   WES-116882-019
>
>

Lernbilanz

Am Ende dieses Kapitels kannst du ...

› die Inhalte des Lernbereichs „Programmieren" aus Informatik 5/6 vertieft anwenden.
› Grundbegriffe der Programmierung nennen.
› die Begriffe der Objektorientierung auf Figuren in Scratch anwenden.
› Klassen und Objektkarten lesen, verstehen und erstellen.
› Variablen in Programmabläufen nutzen.
› Kostüme von Figuren in Scratch bearbeiten.
› mehrere Kostüme in Programmabläufe einbinden.
› eigene Bilddateien (Figuren und Bühnenbilder) in Scratch einfügen.
› Programme selbst planen und erstellen.
› Fehler in Programmabläufen selbstständig ermitteln.

1 Erkläre folgende Begriffe bzw. Sachverhalte.
  a) Beschreibe den Unterschied zwischen einer niederen und einer höheren Programmiersprache.
  b) Erkläre die Bedeutung des Begriffs „Semantik".
  c) Stelle dar, wie das Aufrufen eines Unterprogramms funktioniert.
  d) Zähle die Möglichkeiten auf, die eine Programmschleife bietet.
  e) Nenne die Möglichkeiten der Eingabe in Scratch.

2 Die folgenden Aufgaben befassen sich mit Begriffen der Objektorientierung.
  a) Erläutere den Inhalt einer „Klasse" und deren „Klassenkarte".
  b) Beschreibe die Inhalte einer Objektkarte.
  c) Erkläre den Zweck von „Methoden" und deren Verbindung mit einem Programmablauf.
  d) Übernimm die beiden rechts abgebildeten leeren Objekt-/Klassenkarten in dein Heft. Fülle sie mit den Fachbegriffen der jeweiligen Inhalte.
  e) Übernimm die nebenstehende Klassenkarte in dein Heft. Nenne Methoden, mit denen du das Aussehen der Figur verändern kannst, die zu der genannten Klasse passen. Ergänze vier Methoden und die dazu passenden Bausteine aus Scratch.

Lernbilanz

3 Der Begriff „Variable" hat in Scratch mehrere Bedeutungen und Anwendungsmöglichkeiten.
   a) Beschreibe den Begriff in deinen Worten.
   b) Ermittle Orte, an denen du Variablen in Scratch findest.
   c) Nenne Anwendungsmöglichkeiten von Variablen in Programmabläufen.

4 Gib die Variablen an, die sich in folgendem Programmcode befinden.

5 Variablen können nicht nur durch Attribute von Figuren vorgegeben werden.
Du kannst sie in Scratch auch verwenden, um Programmabläufe zu gestalten.
   a) Gib weitere Möglichkeiten an, Variablen einzubinden.
   b) Nenne ein Beispiel für eine Berechnung/Operation mit mindestens einer Variable in Scratch.

6 Bei der Planung von Programmen musst du einige Schritte nacheinander ausführen und eine bestimmte Reihenfolge einhalten.
   a) Benenne diese Schritte der Reihenfolge nach.
   b) Erläutere, welche Vorüberlegungen du anstellen solltest, bevor du ein Objekt für deinen Programmablauf auswählst.
   c) Nenne das Planungsmittel, das du hauptsächlich einsetzen kannst, um auch später bei der Fehlersuche den Überblick zu behalten.

7 Funktoniert ein Programm nicht wie erwünscht, hat sich irgendwo der Fehlerteufel eingeschlichen.
   a) Während der Erstellung von Programmabläufen können Fehler oft durch Arbeitsabläufe entstehen. Nenne die häufigsten dieser Fehler und beschreibe, wie man sie vermeiden kann.
   b) Beschreibe Möglichkeiten, wie du mithilfe deiner Planungsunterlagen Fehlern auf die Schliche kommst.

8 Auf Seite 69 findest du eine Zeitungsmeldung, die von Problemen eines Automobilherstellers mit seiner Software berichtet. Nicht immer führen Programmierfehler zu solch dramatischen Folgen. Jedoch hattest auch du bestimmt schon Ärger mit einer Fehlprogrammierung, etwa auf deinem Fernseher, Rechner oder Smartphone.
   a) Beschreibe, was du im Zusammenhang mit dem Programmierfehler erlebt hast.
   b) Erläutere Möglichkeiten eines Geräteherstellers, Programmierfehler zu beheben.

In diesem Kapitel ...

› lernt ihr verschiedene moderne Kommunikationsmöglichkeiten kennen.
› beurteilt ihr die Vorteile dieser Kommunikationsmöglichkeiten.
› erörtert ihr die Probleme und Risiken, die durch moderne Kommunikationsmittel entstehen.
› erfahrt ihr, wie ihr eure Daten bei der Nutzung moderner Kommunikationsmittel schützt.
› analysiert ihr den Einfluss digitaler Medien auf unseren Alltag und auf unsere persönliche Entwicklung.

3 Moderne Kommunikationsmöglichkeiten beeinflussen unser Leben

1. Situation: Varianten der modernen Kommunikation
- Bekannte und unbekannte Kommunikationsmöglichkeiten in der digitalen Welt.

2. Situation: Chancen und Risiken durch moderne Kommunikationsmittel
- Vor Datenklau und vor Missbrauch von Daten kann man sich schützen.

3. Situation: Beeinflussung unseres Lebens durch Digitalisierung
- Digitale Medien beeinflussen uns, unseren Alltag und unsere Umwelt.

Moderne Kommunikationsmöglichkeiten beeinflussen unser Leben

Die Einsatzmöglichkeiten eines Computers erscheinen unendlich. In Verbindung mit den Informationen aus dem Internet eröffnet sich uns Nutzern eine schier unerschöpfliche Wissensquelle. Die meisten Menschen nutzen das Internet zur **Recherche** von Informationen und zur **Kommunikation.** Das heißt, sie tauschen aktiv Informationen mit anderen Nutzern aus. Dabei beschränkt sich dieser Wissensaustausch nicht auf die sozialen Netzwerke. Viele weitere wichtige Möglichkeiten sind vielleicht allgemein nicht so bekannt. **Kollaborative Webanwendungen** bieten umfangreiche Möglichkeiten der Kommunikation und des Informationsaustausches. Kollaborativ bedeutet „zusammenarbeitend, gemeinsam arbeitend". Dieser Begriff beschreibt Anwendungen im Internet, in denen mehrere Menschen zusammen an einem Thema arbeiten und sich austauschen – also kommunizieren.

1. Situation: Varianten der modernen Kommunikation

1.1 Soziale Netzwerke (Social Networks)

Soziale Netzwerke sind Kommunikationsplattformen, die den **Austausch von Informationen und Bildern** ermöglichen, vorrangig im **privaten** Bereich. Nutzer erstellen darin ein eigenes Profil mit persönlichen Angaben von sich. Schützt der Nutzer den Zugriff auf sein Profil nicht durch ein Passwort und besondere Sicherheitseinstellungen, kann jeder Internetnutzer auf der Welt die Bilder und Informationen sehen und lesen. Generell solltest du nicht zu viele Informationen auf deinem Profil von dir preisgeben. Wenn du dir unsicher bist, welche Informationen du veröffentlichen kannst, stelle dir folgende Fragen:

> **Tipp: Veröffentlichen – ja oder nein?**
>
> Würde ich diese Information oder dieses Bild
> - meinen Eltern,
> - meinen Nachbarn,
> - der Kassiererin im Supermarkt
>
> erzählen oder zeigen?
>
> - Könnte die Veröffentlichung von bestimmten Informationen für mich zum Nachteil sein?
> - Werden mir die Bilder oder Posts in einigen Jahren peinlich sein, z. B. wenn mein künftiger Arbeitgeber diese sieht oder davon erfährt?
> - Schade ich damit anderen Menschen?

Wenn du dir nach Beantwortung dieser Fragen noch unsicher bist, dann entscheide dich im Zweifelsfall immer für die Nicht-Veröffentlichung. Lieber einmal zu wenig gepostet, als es ein Leben lang zu bereuen!

1 Nenne alle Informationen, die zu deinen persönlichen Angaben gehören. Sammle diese schriftlich in einer Mindmap.

2 Streiche nun die Informationen, die du nicht in einem Social-Network-Profil veröffentlichen solltest. Begründe deine Aussage.

Achte darauf, dass du deinen **Account** auf „Privat" einstellst. Dies erreichst du mit wenigen Klicks in den Profileinstellungen. Dadurch können nur Personen deine Informationen und Posts sehen, mit denen du „befreundet" bist oder die dir „folgen". Diese Einstellung macht selbstverständlich nur Sinn, wenn du die Freundschaftsanfragen nur von Personen annimmst, die du tatsächlich kennst. Daher solltest du dich bei der entsprechenden Person immer rückversichern, ob die Anfrage auch wirklich von ihr selbst stammt.

3 Diskutiert in der Klasse, welche Möglichkeiten ihr habt, euch zu vergewissern, ob die dir bekannte Person hinter der Freundschaftsanfrage steht.

4 Überlegt gemeinsam, warum es wichtig ist, nicht jede Anfrage anzunehmen und nicht jedem Profil zu vertrauen.

1.2 E-Mail

Eine E-Mail ist ein elektronischer Brief. Damit du E-Mails erhalten und verschicken kannst, brauchst du ein E-Mail-Postfach bei einem Provider, eine eigene E-Mail-Adresse und eine Empfänger-E-Mail-Adresse. E-Mail-Adressen bestehen immer aus vier Teilen: dem (1) Nutzer, dem (2) At-Zeichen, dem (3) Provider und der (4) Top-Level-Domain.

1 Erkläre die vier Begriffe. Recherchiere, falls nötig, dazu im Internet weitere Informationen und notiere diese.

2 ☒ Die Top-Level-Domains „.com", „.org" und „.edu" sind keine Länderkennungen. Recherchiere und erläutere deren Bedeutung.

Heutzutage braucht jeder Internetnutzer eine E-Mail-Adresse. Wenn du dich bei einem Provider anmeldest, erhältst du oft automatisch eine E-Mail-Adresse zugewiesen. Meist kannst du sie selbstständig für deine Zwecke abändern. Allerdings musst du einige Kriterien erfüllen und Regeln bei der Bildung einer E-Mail-Adresse beachten.
- Bei den meisten Anbietern musst du 16 oder 18 Jahre alt sein. Beachte unbedingt die Geschäftsbedingungen des Providers. Richte gegebenenfalls deine E-Mail-Adresse zusammen mit deinen Eltern ein.
- Verwende deinen vollständigen Nachnamen. Deinen Vornamen kannst du optional auch abkürzen.
- Verzichte auf nähere Hinweise zu deiner Person wie Geburtsjahr oder Wohnort.
- Internet-Nicknamen oder Fantasienamen haben in einer seriösen E-Mail-Adresse nichts verloren.
- Falls deine gewünschte Adresse schon vergeben ist, kannst du durch ein Sonderzeichen (z. B. Punkt, Unterstrich) Individualität herstellen.
- Die Umlaute ä, ü und ö in E-Mail-Adressen verursachen Probleme.

1. Situation: Varianten der modernen Kommunikation

3 Du siehst hier einige E-Mail-Adressen. Diskutiere mit deiner Partnerin/deinem Partner, welche der Adressen seriös sind und aus welchen Gründen du die anderen Adressen nicht verwenden solltest. Verbessert gemeinsam die Adressen schriftlich, soweit nötig.

An: WinniePuh@provider.de	An: Max.Mueller@provider.de	An: Mustafa_12@provider.de
An: Jäger@provider.de	An: MichaelBatman@provider.de	An: Esra_Aktas@provider.de
An: MichelleBauer@provider.de	An: K.Allmann@provider.de	An: Bienchen11@provider.de

Die Vorteile einer E-Mail gegenüber einem normalen Brief sind groß. Eine E-Mail ist kostengünstiger als ein normaler Brief. Du kannst Bilder, Musik und andere digitalisierte Dokumente verschicken. Bei einer guten und schnellen Internetverbindung hat jeder beliebige Empfänger auf der Welt den elektronischen Brief in Sekundenschnelle.

1.3 Foren

Foren dienen dem Informations- und Wissensaustausch. Sie ähneln stark einem Chat. Der Austausch in Foren ist nicht rein privater Art, sondern bezieht sich meist auf ein bestimmtes **Interessengebiet**. Hier wird online fachlich diskutiert oder Fragen zu aufgetretenen Problemen eines bestimmten Fachgebiets geklärt. Nicht immer antworten wirkliche Experten auf die Fragen. Daher ist es sehr wichtig, die Antworten kritisch zu überprüfen. Ein weiterer Unterschied zu einem Chat ist, dass die Antworten nicht unmittelbar erfolgen, sondern in der Regel zeitversetzt.

Der Link zu einem Forum befindet sich meistens in Form einer Schaltfläche auf der Startseite der Webseite. In der Hauptleiste klickst du auf den Begriff „Forum" und gelangst dann zu den einzelnen Ober- und Unterthemen.

Aufbau eines Forums

Einzelne Foren haben üblicherweise ein Oberthema, z. B. „Reiseforum". Dieses Hauptthema wird in einzelne Unterforen gegliedert, z. B. „Asien", „Amerika", „Europa", „Australien", „Afrika". Diese Themen werden **„Topics"** genannt. Weitere Untergliederungen sind möglich. Möchte man nun bestimmte Reiseinformationen zu einem bestimmten Reiseland, so kann man seine Frage oder sein Anliegen dort einstellen. Das Einstellen von Fragen, Antworten oder Diskussionsbeiträgen nennt man **„Posting"**. Der Text zu einem Thema heißt **„Thread"**.

Arten von Foren

- Support-Foren: Diese Foren werden von Herstellern angeboten und bieten Informationen oder Problemlösungen für die Produkte des Herstellers an.
- Produktforen: Auch hier stehen einzelne Produkte im Mittelpunkt. Diese Foren werden jedoch nicht von Herstellern bereitgestellt. Sie beschäftigen sich vor allem mit Produkten, für die der Hersteller kein Support-Forum unterhält.
- Bewertungsforen: Hier werden Dienstleistungen oder Produkte von Nutzern bewertet. Bei den Postings ist immer die Netiquette zu wahren.
- Bildungsforen: Sie werden meist von Hochschulen unterhalten. Hier finden sich Möglichkeiten zum Austausch oder zur Informationsbeschaffung bei bestimmten Aufgaben im Studium.
- Diskussionsforen: Diese Foren dienen zur Unterhaltung oder dem Wissensaustausch.

Teilnahme an Webforen

Die meisten Onlineforen sind kostenfrei. Damit das Forum nicht für gesetzeswidrige Aktionen missbraucht wird, verlangen die meisten Foren eine **Registrierung** ihrer Teilnehmer. Die Meldung unseriöser oder gegen die Gesetze verstoßender Beiträge an den Forenbetreiber oder Moderator kann unter Umständen strafrechtliche Verfolgung nach sich ziehen.

Der Teilnehmer kann eine Art Abonnement abschließen. Er erhält dann jedes Mal eine Benachrichtigung, wenn neue Beiträge eingestellt werden. Jeder Teilnehmer kann nicht nur Antworten oder Beiträge posten, sondern er kann auch eigene Threads eröffnen. Zuerst jedoch sollte er im Forum recherchieren, ob sein Problem nicht bereits zu einem früheren Zeitpunkt diskutiert und gelöst wurde. Ist dies nicht der Fall, kann er sein Anliegen posten. Dabei sollte er darauf achten, dass er seinen Post dem richtigen Thema zuordnet. Threads und Posts nachträglich verändern, löschen oder verschieben kann nur der Moderator.

1 Recherchiere im Internet „bekannte Internetforen".

2 Wähle ein Internetforum aus und untersuche dessen Aufbau, indem du das Oberthema und die unterschiedlichen Unterthemen ermittelst.

3 Finde heraus, ob das Forum kostenpflichtig ist und ob eine Registrierung erforderlich ist.

4 Erstelle ein einseitiges Informationsblatt und präsentiere deinen Mitschülerinnen und Mitschülern dein Ergebnis.

1.4 Blogs

Der Betreiber eines Blogs (Kurzform für „Weblog" = Tagebuch im Internet) präsentiert einem Publikum regelmäßig seine eigenen Interessen und Gedanken. Ein Blog ist einer Homepage sehr ähnlich. Er kann von Privatpersonen und von Unternehmen erstellt werden. Er kann für Werbung verwendet werden (Influencer) und unterschiedlichste Themen behandeln. Die meisten Blogs von Privatpersonen sind Reiseblogs, Lifestyle-Blogs oder Blogs über persönliche Interessen der Autorin oder des Autors. Auch verschiedene Social-Media-Netzwerke sind Miniblogs, da der User auf seiner Seite z. B. Bilder postet und diese dann kommentiert werden.

Der wesentliche Unterschied zwischen einer Homepage und einem Blog: Eine Homepage vermittelt Informationen, die sich selten oder nicht verändern, z. B. Preise für bestimmte Artikel, Informationen und Telefonnummern von Abteilungen etc. In einem Blog werden Eintragungen, sogenannte **Posts** von tagesaktuellen, neuen Begebenheiten und Situationen veröffentlicht.

In der unten abgebildeten Grafik ist ein möglicher Aufbau eines Blogs dargestellt. Im Internet ist der Blog nicht als begrenzte Seite zu sehen, sondern kann eine beliebige Länge haben. Das Publikum kann auch hier Kommentare zu den Posts abgeben.

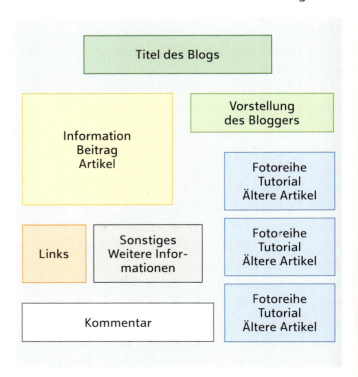

1. Situation: Varianten der modernen Kommunikation

Auch hier ist stets die Netiquette zu wahren. Besonders wichtig ist der Bereich für Links zu anderen Blogs. Solche Links können sich auch in Bildern oder Grafiken verstecken, falls sie von einem anderen Blog kopiert wurden. Diese Links zu einem anderen Blog nennt man **„Trackback"**, (engl. „Rückbezug"). Ein Klick auf diesen Link und man wird zu dem anderen Blog weitergeleitet. So entsteht ein umfangreiches Blog-Netzwerk zwischen den Bloggern.

1.5 Instant-Messenger-Systeme

Übersetzt bedeutet der englische Begriff **Instant Messaging** „sofortige Nachrichtenübermittlung". Es gibt zahlreiche Kommunikationsplattformen, die auf diesem Prinzip aufbauen. Über sie kann man sich mittels Text- oder Bildnachrichten mit einer oder mehrerer Personen unterhalten. Die Nachrichten werden innerhalb von Sekunden verschickt. Man braucht nur einen Internetzugang und einen Account bei einem Anbieter.

Kann der Empfänger die Nachricht nicht abrufen, weil er gerade nicht online ist, wird diese auf einem Server „zwischengelagert". Der Server registriert, wann der User wieder online ist und stellt die Nachricht zu. Viele Instant Messenger ermöglichen auch die Übermittlung von Audio- und Bilddateien.

Die Dateien und Nachrichten sind bei den meisten Instant-Messaging-Diensten **„Ende-zu-Ende verschlüsselt"**. Das bedeutet, dass nur die Kommunikationspartner, also der Sender und der Empfänger, die Nachrichten lesen können und niemand dazwischen, wenn z. B. die Nachricht auf dem Server liegt.

1 Überlegt gemeinsam, welche Instant-Messaging-Dienste ihr benutzt.

2 Vergleicht in Gruppen die einzelnen Dienste. Stellt ihre Vorteile und Nachteile dar.

1.6 Wikis

Ein Wiki ist ein **Internetlexikon**. Wohl jeder hat schon einmal bei Rechercheaufgaben ein Wiki verwendet. In einem Wiki findet sich – wie in einem gedruckten Lexikon – eine Vielzahl von sachlichen Artikeln, Definitionen und Erklärungen zu den unterschiedlichsten Themengebieten.

Zahlreiche Verlinkungen halten die Artikel stets auf dem aktuellen Stand. Das gesammelte Wissen ist für jeden Internetnutzer einsehbar. Anders als bei einem Buchlexikon kann jeder User Artikel zu neuen Themen verfassen oder den Artikeln in einem Wiki Informationen hinzufügen. Die Möglichkeit, Artikel jederzeit zu verändern, bringt Vor- und Nachteile mit sich.

1 Erstelle mit deiner Partnerin/deinem Partner eine Mindmap zu den Vor- und Nachteilen von Informationen aus einem Wiki und der Mitgestaltung durch die User.

2 Gib an, welche der aufgeführten Kommunikationsplattformen zu den kollaborativen Webanwendungen gehören. Begründe deine Aussage.

2. Situation: Chancen und Risiken moderner Kommunikation

2.1 Chancen

Moderne Kommunikationsmittel eröffnen uns Menschen viele Chancen, die vor Jahren undenkbar waren. Wir können Onlinekonferenzen unabhängig von Raum und Zeit abhalten. Das spart Zeit und Kosten, weil die Teilnehmer nicht von weither anreisen müssen oder Angestellten im Homeoffice der Weg zur Arbeitsstelle erspart bleibt. Außerdem ist es umweltschonend, da weniger Menschen mit dem Auto oder der Bahn fahren müssen.

Nicht nur im beruflichen Leben erleichtert uns die moderne Kommunikationstechnik den Kontakt zu unseren Mitmenschen. Freunde kann man im Videochat treffen oder an besonderen Ereignissen hautnah durch Instant-Messenger-Systeme teilhaben lassen.

1 Sammelt gemeinsam Vorteile und Chancen der modernen Kommunikationsmöglichkeiten im beruflichen und privaten Bereich. Stellt eure Erkenntnisse übersichtlich dar.

2.2 Risiken und Probleme

Leider ergeben sich nicht nur große Chancen und Möglichkeiten durch moderne Kommunikationstechnik, sondern auch neuartige Risiken und Probleme. Auch hier müssen wir uns an die Modernisierung anpassen und lernen, uns zu schützen.

Cybermobbing

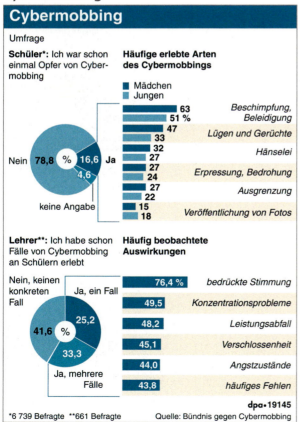

Cybermobbing bedeutet übersetzt das „**Beleidigen im Internet**". Die Mobber haben nicht den Mut, ihr wahres Gesicht zu zeigen. Sie beleidigen daher anonym und verstecken sich hinter Pseudonymen im Internet.

Die Informationen für ihre Angriffe finden sie in den sozialen Netzwerken oder durch Ausspionieren privater Daten. Meist haben sie leichtes Spiel, da viele User sorglos mit ihren privaten Informationen umgehen.

Cybermobber kommentieren etwa Posts auf sozialen Netzwerken abfällig, schließen Klassenmitglieder bewusst aus Klassenchats aus, legen Fake-Profile an und verbreiten üble Gerüchte sowie peinliche oder manipulierte Bilder. Cybermobber gehen oft besonders brutal vor, da sie glauben, dass ihre vermeintliche Anonymität sie vor rechtlichen Konsequenzen schützt.

Cybermobbing ist in Deutschland keine eigene Straftat, für die man bestraft werden kann. Jedoch vereinen sich darin verschiedene Straftatbestände wie Beleidigung, üble Nachrede, Verleumdung oder die Verletzung des Rechts am eigenen Bild. Macht sich ein Täter dessen nachweislich schuldig, drohen ihm eine Geld- oder eine Gefängnisstrafe.

2. Situation: Chancen und Risiken durch moderne Kommunikationsmittel

Strafgesetzbuch

§ 185 Beleidigung
Die Beleidigung wird mit Freiheitsstrafen bis zu einem Jahr oder mit Geldstrafe und, wenn die Beleidigung mittels einer Tätlichkeit begangen wird, mit Freiheitsstrafe bis zu zwei Jahren oder mit Geldstrafe bestraft.

§ 186 Üble Nachrede
Wer in Beziehung auf einen anderen eine Tatsache behauptet oder verbreitet, welche denselben verächtlich zu machen oder in der öffentlichen Meinung herabzuwürdigen geeignet ist, wird, wenn nicht diese Tatsache erweislich wahr ist, mit Freiheitsstrafe bis zu einem Jahr oder mit Geldstrafe und, wenn die Tat öffentlich oder durch Verbreiten eines Inhalts (§ 11 Absatz 3) begangen ist, mit Freiheitsstrafe bis zu zwei Jahren oder mit Geldstrafe bestraft.

§ 187 Verleumdung
Wer wider besseres Wissen in Beziehung auf einen anderen eine unwahre Tatsache behauptet oder verbreitet, welche denselben verächtlich zu machen oder in der öffentlichen Meinung herabzuwürdigen oder dessen Kredit zu gefährden geeignet ist, wird mit Freiheitsstrafe bis zu zwei Jahren oder mit Geldstrafe und, wenn die Tat öffentlich, in einer Versammlung oder durch Verbreiten eines Inhalts (§ 11 Absatz 3) begangen ist, mit Freiheitsstrafe bis zu fünf Jahren oder mit Geldstrafe bestraft.

1 Diskutiert in der Klasse, ob ihr schon einmal mit Beleidigungen im Internet zu tun hattet. Wie habt ihr euch gewehrt?

2 Seht die Infografik auf Seite 80 und die Auszüge aus dem Strafgesetzbuch oben auf dieser Seite nochmals genauer an. Formuliert dann in Gruppenarbeit einen Gesetzestext für einen möglichen Straftatbestand des Cybermobbing.

3 ⊠ Hilfe ich werde gemobbt – was nun? Suche mit deiner Partnerin/deinem Partner nach Anlaufstellen im Internet. Recherchiert, wie einer betroffenen Person geholfen werden kann.

Phishing

Das Wort Phishing setzt sich aus den englischen Wörtern „Password" und „Fishing" also „Passwort angeln" zusammen. Beim Phishing schleusen Kriminelle kein Schadprogramm auf den PC, sondern sie haben es auf wichtige Passwörter abgesehen. Man bekommt beispielsweise eine täuschend echt aussehende E-Mail von seiner Bank oder seinem Smartphoneanbieter. Darin wird man z. B. aufgefordert, aus angeblich wichtigen Gründen seine Kontodaten anzugeben. In Wirklichkeit jedoch stehlen Betrüger die Eingaben und räumen dann z. B. das Bankkonto leer.

Dieses Vorgehen funktioniert auch bei gefakten Internetbestellseiten, bei denen ein Passwort einzugeben ist.

Tipp

Bei einem Bestellvorgang im Internet muss man stets darauf achten, Internetseiten zu einem Bestellkonto oder zum Onlinebanking nur über die Adresszeile des Internetbrowsers aufzurufen und nie über die Vorschläge einer Suchmaschine. Hier könnte man versehentlich auf eine Betrugsseite weitergeleitet werden, die der Originalseite täuschend echt nachgestaltet ist.
Vergewissere dich stets, dass die Seiten, über die du Zahlungen vornimmst, durch eine SSL-Verschlüsselung abgesichert sind. Dieses zusätzliche Sicherheitsmerkmal erkennst du am „s" hinter der Abkürzung „http". Dort sollte also „https" stehen.

Spam

Das englische Wort „Spam" bedeutet „Müll". Spams sind Nachrichten oder E-Mails, die der User unaufgefordert, oft in großen Mengen, erhält. Meist sind diese Spam-Nachrichten nur nervig und das Löschen verschlingt Zeit. Zum Risiko werden sie, wenn Anhänge in der E-Mail oder Links in der Textnachricht geöffnet werden. Dahinter können sich Schadprogramme wie Würmer oder Trojaner verstecken, die nach dem Öffnen einen Virus verbreiten oder Datendiebstahl ermöglichen.

„Ping"-Anrufe

Solche Anrufe dienen ausschließlich dazu, dem Smartphone-Nutzer unnötige Kosten zu verursachen. Dahinter stecken Betrüger, die entweder wahllos Smartphonebesitzer unter unbekannter Nummer anrufen und sofort wieder auflegen oder SMS verschicken. Die Kriminellen setzen auf die Neugierde des Adressaten, der wissen will, wer ihn kontaktiert hat. Beim Rückruf jedoch läuft im Hintergrund eine kostenpflichtige Nummer mit. Deren Kosten hat der neugierige Anrufer selbst zu tragen. Sie werden auch nicht von der eigenen Flatrate abgedeckt.

> **Tipp**
> Rufe niemals unbekannte Nummern zurück, insbesondere, wenn der Anrufer so schnell wieder auflegt, dass du keine Chance hast, den Anruf entgegenzunehmen. Antworte auch nicht in einer SMS auf Fragen von Personen, die du nicht kennst.

Nachrichten auf dem Bildschirm

Eingehende Nachrichten auf dem Startbildschirm deines Smartphones oder Tablets nennt man **Push-Nachrichten**. Wenn du dein Mobilgerät offen herumliegen lässt, kann jeder diese Nachrichten und Mitteilungen lesen. Auch hier solltest du deine Privatsphäre schützen, indem du die Funktion „Push-Mitteilungen anzeigen" in der jeweiligen App im Menü „Einstellungen" ausschaltest.

2.3. Cyberkriminalität auf Kommunikationsplattformen

Das nebenstehende Diagramm hat die häufigsten Straftaten im Internet zum Thema. Meist werden diese Straftaten durch unsachgemäßen oder fahrlässigen Umgang mit persönlichen Daten auf Kommunikationsplattformen möglich.

1 Stelle Vermutungen darüber an, welche kriminellen Handlungen auf den Kommunikationsplattformen die im Diagramm genannten Straftaten ermöglicht haben.

2 Diskutiert in der Klasse, welche Probleme dem User entstehen können, wenn er von einer der Straftaten betroffen ist.

3. Situation: Beeinflussung unseres Lebens durch Digitalisierung

3.1 Beeinflussung unseres Privat- und Berufslebens

Digitalisierung ist aus unserem Leben nicht mehr wegzudenken. Egal ob im privaten Bereich oder im Berufsleben – viele Handlungen und Arbeitsabläufe sind digitalisiert oder werden durch digitale Vorgänge unterstützt.

1. Findet Beispiele für digitalisierte Arbeitsabläufe.
2. Unterscheidet dabei Privatleben und Berufsleben.
3. Erörtert gemeinsam kritisch, ob die Digitalisierung in den von euch gefundenen Beispielen wirklich nötig war und welcher Mehrwert dadurch entstanden ist.

3.2 Beeinflussung unseres Alltags

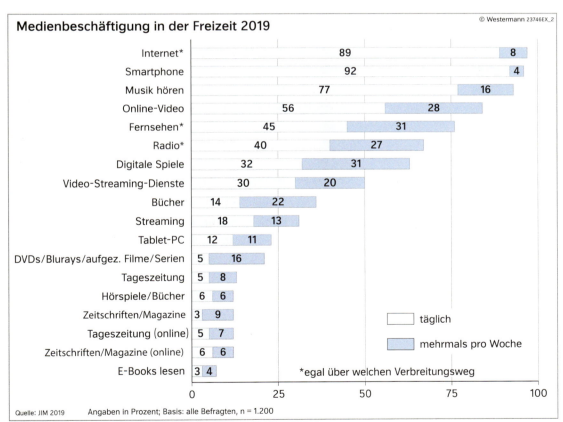

Betrachte die Grafik:

1. Grenze digitale Medien von analogen ab.
2. Beschreibe, ob sich die Statistik mit deinem eigenen Nutzungsverhalten von Medien deckt.

Häufig verwenden wir digitale Medien nicht aktiv und bewusst, sondern lassen uns nur davon berieseln. Lies die folgende Geschichte in Ruhe und konzentriert durch. Mache dir Notizen, wann Felix digitale Medien nutzt und wofür.

Irgendwo in Bayern

Es ist Mittwochmorgen. Der Handywecker klingelt. Felix wacht widerwillig auf. Da er das Smartphone zum Weckerausmachen schon in der Hand hat, kann er gleich nachschauen, ob sein Kumpel Arslan ihn angeschrieben hat. Nicht nur von Arslan gibt es Neues. Da haben sich einige Nachrichten seit gestern Abend angesammelt. Felix geht duschen und macht sich für die Schule fertig. Er weiß nicht recht, was er anziehen soll. Also öffnet er die Wetter-App: 60 % Regenwahrscheinlichkeit. Beim Frühstück ist er allein. Seine Eltern sind schon aus dem Haus. Aus Langeweile scrollt Felix die neuen Posts seiner Freunde durch.
Auf dem Weg zur Schule streamt er seine Lieblingsmusik. In der Schule ist die Handynutzung verboten. Er schaltet auf Flugmodus, jedenfalls bis zur Pause. Dann verdrückt er sich mit seinen Freunden in die hinterste Ecke des Pausenhofs und sieht sich mit ihnen die neuesten Fail-Videos an. Die besonders coolen liken sie. Plötzlich steht ihr Klassenlehrer, Herr Stephan, vor ihnen. Trotz großer Proteste und Beteuerungen wird das Smartphone vorübergehend eingezogen. Herr Stephan bringt das Gerät ins Rektorat, wo es nach Schulschluss abgeholt werden kann.
Am Nachmittag schildert Felix seiner Mutter den Vorfall. Sie schimpft und ermahnt ihn, sich an die Regeln in der Schule zu halten. Völlig geknickt verzieht sich Felix in sein Zimmer. Er fühlt sich von seinen Freunden verlassen und vergessen. Als Strafe hat ihm seine Mutter verboten, sich online zum Zocken zu treffen.
Felix kommt fast um vor Langeweile. Er schnappt sich die TV-Fernbedienung und zappt von einem Programm zum nächsten. Für keines kann er länger als ein paar Minuten Interesse aufbringen. Jetzt bekommt er auch noch Kopfweh. Total gefrustet geht er viel früher als sonst ins Bett.

3 Überlege dir mit deiner Partnerin/deinem Partner, wie Felix seinen Nachmittag schöner hätte verbringen können.

4 Kommt dir der Tagesablauf, ständig begleitet von digitalen Medien, bekannt vor? Beschreibe deinen Tag in dieser Hinsicht.

5 Schätze ab, wie viele Tage du ohne Internet und digitale Medien aushalten könntest. Begründe deine Meinung ausführlich.

6 ⊠ Notiere eine Woche lang, wann, wofür und wie lange du digitale Medien genutzt hast. Erstelle hierzu eine übersichtliche und sinnvolle Tabelle, in der du deine Eintragungen ehrlich und zuverlässig vornimmst.

3.3 Beeinflussung unserer Identität

Das Internet beeinflusst uns rund um die Uhr und prägt unser Unterbewusstsein, ohne dass wir es merken. Gerade junge Menschen suchen während ihrer Entwicklung nach Vorbildern, an denen sie sich orientieren können. Schönheitsideale spielen dabei die wichtigste Rolle.

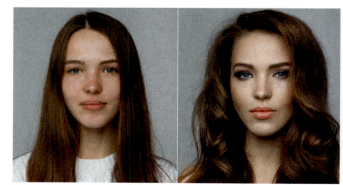

3. Situation: Beeinflussung unseres Lebens durch Digitalisierung

Irreführung durch Fotomontage

Häufig geschieht die Beeinflussung der Identität durch Fotos von perfekt aussehenden Menschen mit makelloser Haut und einwandfreiem Aussehen. Diese Abbildungen solltest du kritisch hinterfragen. Du hast im ersten Kapitel selbst erfahren, wie leicht sich Fotos mittels „Bildbearbeitung" manipulieren lassen. Lasse dich nicht in die Irre führen. Den perfekten Menschen gibt es nicht. Jeder Mensch hat etwas Besonderes an sich. Und genau das macht sie oder ihn zu einem einzigartigen Menschen.

Manipulation durch Influencer

Durch Tricks werden wir tagtäglich manipuliert. **Manipulation** bedeutet „durch bewusste Beeinflussung jemanden in eine bestimmte Richtung lenken". Dabei merkt der Manipulierte meist erst später (oder nie), dass er beeinflusst wurde.
Eine mittlerweile beliebte Methode der Käufermanipulation im Internet sind kurz eingeblendete Werbeprodukte in einem Film, Tutorial oder in kurzen Videoclips von Influencern.
Der Begriff **„Influencer"** hat seinen Ursprung im Englischen: „to influence" bedeutet „beeinflussen". Influencer sind also Personen, die besonders gut geeignet sind, im Netz Werbung zu machen, um andere zu beeinflussen. Viele Jugendliche sind von der coolen und sympathischen Art der Darsteller fasziniert, bezeichnen sie sogar als Freunde oder verlieben sich in sie. Leider ist so ein Clip nicht so sofort als Werbefilm zu erkennen. Meist erscheint im Laufe des Clips die kleine Einblendung „Unterstützt durch Produktplatzierung". Das bedeutet, dass eine bestimmte Marke immer wieder im Video auftaucht und der Darsteller für das Video und die Platzierung oder Verwendung der Marke Geld bekommt. Häufig stellt sich auch erst am Ende eines Videos heraus, dass es eigentlich ein Werbeclip ist. Dann nämlich rät dir der Influencer, dass du diese Marke unbedingt einmal ausprobieren oder du dir dieses oder jenes Produkt kaufen solltest. Und weil man den Influencer so sympathisch und seriös findet, probiert man das Produkt gerne aus.

1 Starte ein Video einer Influencerin oder eines Influencers. Notiere dir, für welches Produkt sie oder er wirbt und an welcher Stelle im Clip die Werbung platziert ist.

Die virtuelle Lebenswelt ist kein Ersatz für die reale Welt

Gefährlich für die eigene Entwicklung wird es, wenn man sich nur noch in der virtuellen Welt bewegt und keine Kommunikation und Begegnung in der realen Welt stattfindet. Es reicht nicht aus, seine Klassenkameraden/-innen nur vormittags in der Schule zu treffen. Ein lockeres Gespräch oder eine interessante Diskussion ist über Messengerdienste nur halb so gewinnbringend und förderlich wie ein Gespräch von Angesicht zu Angesicht. Ein langer Nachmittag an der Spielekonsole überanstrengt die Augen, das Gehirn und das Skelett durch schlechte Sitzhaltung. Außerdem verlieren exzessive Gamer zunehmend den Bezug zur Realität. Sie verlieren sich in der Spielewelt, in der es keinen Boden gibt – sie werden süchtig. Dies kann zu Konzentrations-, zu Schlaf- und Essstörungen, zu innerer Unruhe, zu aggressivem Verhalten und zu Depressionen führen.
Keine Sorge, nur weil du einmal keinen Appetit hast, musst du nicht gleich spiel- oder internetsüchtig sein. Achte jedoch sorgsam darauf, dass du die digitalen Medien sinnvoll und in Maßen nutzt. Lerne, mit ihnen bewusst umzugehen. Vernachlässige keinesfalls deine realen Kontakte und Hobbys. Digitalisierung ist gut und man muss sich heutzutage damit auskennen. Sie sollte jedoch niemals zum Ersatz für echte Sozialkontakte werden.

2 Nenne drei Aktivitäten mit digitalen Medien oder im Internet, die aus deinem Leben nicht mehr wegzudenken sind. Begründe dies.

3 Gib zwei Aktivitäten an, auf die du gut verzichten könntest.

Am Ende dieses Kapitels kannst du …

› moderne Kommunikationsmöglichkeiten unterscheiden.
› deine persönlichen Daten in sozialen Netzwerken schützen.
› verschiedene Kommunikationsmöglichkeiten und deren Vorteile erklären.
› den Begriff „kollaborative Webanwendungen" erklären.
› Chancen und Risiken moderner Kommunikationsmöglichkeiten benennen.
› die Beeinflussung unserer Lebenswelt durch Digitalisierung erkennen.
› dein eigenes Medienverhalten kritisch beurteilen.
› auf Beeinflussung durch das Netz reagieren.

1 An eurer Schule findet ein Informationsabend zur Digitalisierung an der Schule statt. Dazu sollen einige Stellwände mit wichtigen Informationen zur digitalen Kommunikation und Beeinflussung durch Digitalisierung bestückt werden. Erstellt dazu in Gruppenarbeit je ein Plakat. Wählt jeweils eines der nachfolgenden Themen aus:

- Acht Regeln zum Umgang mit privaten Daten in sozialen Netzwerken
- Maßnahmen zum Schutz der privaten Daten vor Phishing
- Kriterien für eine E-Mail-Adresse – übersichtlich dargestellt
- Cybermobbing: Arten und Auswirkungen
- Auswirkungen der Digitalisierung im Privat- und Berufsleben

Verwendet hierzu Informationen aus diesem Buch und sucht im Internet unter Berücksichtigung der Recherchekriterien und des Urheberrechts.

2 Betrachtet gemeinsam das Schaubild.
Was sagen die Diagramme aus?
Diskutiert die Aussagen in der Klassengemeinschaft.

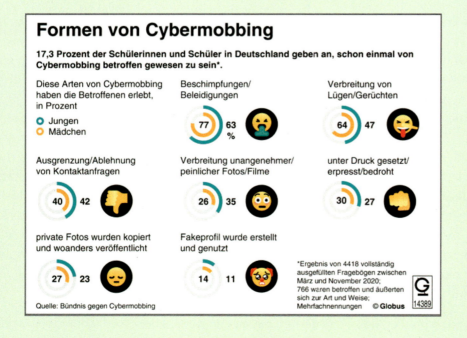

Sachwortverzeichnis

Algorithmus 34
Anweisung 34
Ausgabe 34

Bedingung 34, 36, 52
Bézierkurve 28f.
Bild, digitales 7ff.
– Auflösung 9f., 60
– Dateiformate 10, 20, 25, 57
– Proportionalität 11f., 23f.
Bildbearbeitung 11ff.
– Ebenen bearbeiten 19ff.
– Filter 13, 17
– Fotomontage 20ff.
– Freistellen 22f.
– Füllung 29
– Helligkeit 12f.
– Kontrast 13
– Kontur 29
– Lasso 22
– Pfad 17, 26
– Pinsel 20f., 24
– proportionale Änderung 11f.
– Radieren 24
– Skalieren 23f.
– Verschieben 20f., 29
– Zauberstab 22
– Zuschneiden 11f.
Bildauflösung 9
Bildeffekte 13
Bildlayout 30f.
Bildpunkt s. Pixel
Bildübertragung 8f.
Blog 78f.

Creative-Commons-Lizenz 14
Cyberkriminalität 82
Cybermobbing 80f.

Digitalisierung 83ff.
dpi 9f.

E-Mail 8, 76f., 81f.
Eingabe 34

Fehlersuche 69ff.
Fotografieren, Tipps 8

Fotomontage 85
Freeware-Programm 16, 27f., 57

GIMP 15ff.
grafische Programmier-
sprache 34

Hauptprogramm 34
höhere Programmiersprache 34

Influencer 78, 85
Inkscape 28ff.
Instant-Messenger 79f.

Klassenkarte 39ff.
kollaborative Webanwendung 75
Kompilieren 34
Komprimierung 10

Methode 39ff., 47ff., 61
Modellieren 62ff.
moderne Kommunikationsmöglichkeiten 75ff.

Netiquette 77, 79
niedere Programmiersprache 34

Objektkarte 39ff.
objektorientierte Programmier-
sprache 38
Objektorientierung 38ff.
– Attribut 38ff., 47f., 61
– Attributwert 38ff.
– Klasse 38ff.
– Objekt 38ff.

Persönlichkeitsrechte 14, 20
Phishing 81
„Ping"-Anruf 82
Pixel 9f., 15, 26
Pixelgrafik s. Rastergrafik
Planungsvorlage 61ff.
Posting, Post 77f.
private Daten 75f.
Programmablaufplan (PAP) 34
Programmschleife 34
Push-Nachricht 82

Rastergrafik 10, 15, 26f., 54, 57,
60

Scratch 35ff.
– Avatar 57ff.
– Bildbearbeitung 54ff.
– Bilddateien einbinden 57ff.
– Bühnenbilder einbinden 60
– Ebene 53f.
– eigene Variable 49
– Figur 42
– Grafiken 53ff.
– Kopieren von Sequenzen 65
– Kostüme 53ff.
– Objektorientierung 41
– Operator 48
– Programmierbausteine 35
– Variable 46ff.
– Werkzeuge 54f.
Selfie 7
Semantik 34
Sequenz 34, 51, 61, 63, 65, 69ff.
Shortcut 20, 31
Smartphone 7ff., 14ff., 60, 82ff.
soziale Netzwerke 11, 14f., 20,
25, 75, 80
Spam 82
Strafgesetzbuch (StGB) 81
Straftat 80ff.

Trackback 79
Transparenz 20, 22f., 57

Unterprogramm 34
Urheberrecht 14, 20

Variable 44ff., 61ff.
Vektorgrafik 26ff., 54f., 57f.
– Attribute 26f.
– Attributwerte 26f.
– Dateiformate 27
– Eigenschaften 26f.

Webforum 77f.
Wiki 79

Zoomen 18, 20ff.

Bildquellenverzeichnis

|Alamy Stock Photo, Abingdon/Oxfordshire: Ben Gingell 84.1. |Czerney, Antje, Lauf an der Pegnitz: 9.1, 9.2, 11.1, 11.2, 11.3, 12.2, 12.3, 12.4, 12.5, 12.6, 12.8, 12.9, 12.10, 13.2, 13.3, 13.4, 13.5, 13.6, 15.1, 15.2, 16.1, 16.2, 16.3, 18.1, 18.2, 19.1, 19.2, 21.3, 21.6, 21.7, 22.2, 22.3, 23.1, 24.1, 26.1, 26.2, 26.3, 26.4. |fotolia.com, New York: Enter, Matthias 68.2; eyeQ 45.1; lassedesignen 61.1. |GNU Free Software Foundation, Boston: 16.4, 17.1, 17.2, 17.3, 20.1, 21.1, 21.2, 21.4, 21.5, 22.1, 22.4, 23.2, 23.3, 24.2, 25.1, 25.2. |iStockphoto.com, Calgary: nensuria 85.1; purple_queue Titel; Wavebreakmedia Titel. |Microsoft Deutschland GmbH, München: 8.1, 12.1, 12.7, 13.1, 28.1, 31.2, 31.4, 31.6, 31.8, 31.10, 31.12, 31.14; Microsoft Deutschland GmbH 28.2, 28.3, 29.1, 29.2, 29.3, 29.4, 30.1, 30.2, 30.3, 31.1, 31.3, 31.5, 31.7, 31.9, 31.11, 31.13. |Neubauer, Peter, Küps: 60.3, 60.4. |Picture-Alliance GmbH, Frankfurt a.M.: Bratic, Hasan 83.1; dpa-infografik 82.1, 86.1; dpa-infografik GmbH 80.2. |Scratch Foundation, Bethesda, MD: 3.2, 35.1, 35.2, 35.3, 35.4, 35.5, 35.6, 35.7, 35.8, 35.9, 35.10, 35.11, 37.1, 42.1, 42.2, 42.3, 42.4, 42.5, 44.1, 46.1, 46.2, 46.3, 47.1, 47.2, 47.3, 47.4, 48.1, 48.2, 48.3, 48.4, 49.1, 49.2, 49.3, 49.4, 49.5, 50.1, 50.2, 50.3, 50.4, 50.5, 51.1, 51.2, 51.3, 51.4, 51.5, 51.6, 51.7, 51.8, 51.9, 52.1, 52.2, 52.3, 52.4, 52.5, 52.6, 52.7, 52.8, 52.9, 53.1, 53.2, 53.3, 53.4, 53.5, 53.6, 53.7, 53.8, 53.9, 53.10, 54.1, 54.2, 54.3, 54.4, 54.5, 54.6, 54.7, 54.8, 55.1, 55.2, 55.3, 55.4, 55.5, 55.6, 55.7, 55.8, 55.9, 55.10, 55.11, 55.12, 55.13, 55.14, 55.15, 56.1, 56.2, 56.3, 57.1, 57.2, 58.1, 58.2, 59.1, 59.2, 59.3, 59.4, 59.5, 59.6, 60.1, 60.2, 63.1, 63.2, 63.3, 64.1, 64.2, 64.3, 64.4, 64.5, 64.6, 65.1, 65.2, 65.3, 65.4, 65.5, 65.6, 65.7, 65.8, 65.9, 65.10, 65.11, 65.12, 65.13, 66.1, 66.2, 66.3, 67.1, 67.2, 67.3, 68.1, 68.3, 69.1, 70.1, 70.2, 70.3, 70.4, 70.5, 70.6, 71.1, 71.2, 71.3, 73.1. |Shutterstock.com, New York: DRogatnev 81.1; i viewfinder 38.1, 40.1; tmicons 8.2; Verko_o 39.1, 39.2; YAKOBCHUK VIACHESLAV 78.1. |stock.adobe.com, Dublin: #CNF 80.1; beermedia 64.7; blackday 84.2; chrisdorney 79.1; Datenschutz-Stockfoto.de 14.1; elaborah 75.2; faber14 77.1; Hurca! 26.5; Lund, Jacob 75.1; peterschreiber.media 26.6; ranczandras 4.1; sakurra 3.1, 27.1; STOLLIS 8.3.

Textquellenverzeichnis

S. 69: WIN-Verlag GmbH & Co. KG, Vatterstetten (Hg.): Digital Business Cloud. Expertenmagazin für digitale Transformation: Die 10 spektakulärsten Software-Fehler des Jahres, 21.12.2011, (https://www.digital-business-cloud.de/die-10-spektakulaersten-software-fehler-des-jahres/), gekürzt, Abruf: 19.06.2021.